高等职业教育工学结合系列教材·汽车类

汽车零部件三维造型技术

主　编　汤少岩　尹永福　贺翠华
副主编　叶青艳　冯英荐　马士伟
参　编　朱述华　焦召明　赵吉亮
主　审　王树凤

汽车零部件三维造型
技术图书总码

北京理工大学出版社
BEIJING INSTITUTE OF TECHNOLOGY PRESS

内 容 简 介

本书以 UG NX 12.0 中文版为操作平台，通过项目由浅入深、循序渐进地介绍了 UG NX 12.0 建模设计的全过程。书中精选了常见的 6 个汽车零部件作为项目载体，旨在快速、有效地帮助初学者初步掌握零件造型能力。本书还针对毫无 UG 应用基础的用户，可以使他们学习完本书后迅速掌握 UG NX 软件的基本使用。全书共分 6 个项目，按项目的难易程度，依次介绍了汽车主减速器传动轴的建模、汽车曲轴的建模、活塞连杆组的建模、汽车车轮的建模、配气机构的建模和车身曲面的建模，内容涵盖草图绘制、草图编辑、实体建模、零件装配和曲面造型等。本书以实例为载体，在做中学，在学中做，注重解题思路和分析方法，操作步骤详细，读者可以按照操作步骤完成实践操作。对于每个项目，都从项目分析、学习目标、工作任务分析、工作任务实施、项目小结、拓展练习几个方面进行介绍。为方便教学，本书配套操作视频、微课、课件、习题和参考答案等数字资源，视频、微课等通过扫描书中二维码观看学习。

本书可作为高等院校相关专业的教材和社会相关培训班用书，还适合 UG NX 12.0 的初、中级用户学习阅读。此外，本书适应汽车智能制造集成应用 1+X 改革，可培养学生汽车零件三维模型的识读能力。

版权专有　侵权必究

图书在版编目（CIP）数据

汽车零部件三维造型技术 / 汤少岩，尹永福，贺翠华主编. --北京：北京理工大学出版社，2021.10（2021.11 重印）

ISBN 978-7-5763-0547-0

Ⅰ.①汽…　Ⅱ.①汤…②尹…③贺…　Ⅲ.①汽车-零部件-计算机辅助设计　Ⅳ.①U463-39

中国版本图书馆 CIP 数据核字（2021）第 217309 号

出版发行 / 北京理工大学出版社有限责任公司	
社　　址 / 北京市海淀区中关村南大街 5 号	
邮　　编 / 100081	
电　　话 /（010）68914775（总编室）	
（010）82562903（教材售后服务热线）	
（010）68944723（其他图书服务热线）	
网　　址 / http://www.bitpress.com.cn	
经　　销 / 全国各地新华书店	
印　　刷 / 涿州市新华印刷有限公司	
开　　本 / 787 毫米×1092 毫米　1/16	
印　　张 / 18	责任编辑 / 多海鹏
字　　数 / 417 千字	文案编辑 / 多海鹏
版　　次 / 2021 年 10 月第 1 版　2021 年 11 月第 2 次印刷	责任校对 / 周瑞红
定　　价 / 49.00 元	责任印制 / 李志强

图书出现印装质量问题，请拨打售后服务热线，本社负责调换

前言

21世纪的中国汽车制造业正面临着越来越激烈的全球化市场竞争，国内的制造企业已开始从过去的引进、消化吸收，逐步转向新产品的自主开发和支持技术的改造方面。以三维数字化设计为核心的创新设计体系正在形成，国家提出的技术创新战略正在得到实施。在此背景下，国内的汽车制造企业如何采用先进的计算机辅助技术（CAX），改变过去仅仅从制造的角度简单地引进国外平台车，逐步过渡到从本质上把握汽车的各种设计性能指标，实现真正意义上的对国外平台车的消化吸收，并在此基础上逐渐转向新产品的改型开发，具有特别重要的现实意义。

由于汽车零部件造型设计比较复杂，技术先进，目前大部分人还不熟悉其流程和操作步骤；目前已经出版的关于零件造型和设计的教材，要么偏重于讲解软件操作，要么以常用机械零件为载体，亟须与汽车零件造型相对应的教材和教学同步跟上。为了适应社会和汽车行业的需要，我们组织了相关学校、企业和专家，结合多年的教学经验编写了本书。

本书以教职成〔2012〕9号《教育部关于"十二五"职业教育教材建设的若干意见》文件精神为指导，吸收了近年来汽车正向设计和逆向设计所取得的经验，立足以职业为导向、实际应用为目标、实践技能为主线，以人为本，以提高学生的综合素质和就业为目标，适应校企合作、工学结合、教学做一体化的教学需要，进行项目导向、任务驱动的教材设计，将零件的草图绘制、草图编辑、实体模型建立、零件装配、曲面造型等有机融合，理论与实训有机融合。按照学生认识规律，从感性到理性、由浅入深组织教材体系，使理论紧密联系实际，与现代汽车零部件设计技术同步。

本书分为6个项目，主要讲授汽车主减速器传动轴的建模、汽车曲轴的建模、活塞连杆组的建模、汽车车轮的建模、配气机构的建模和车身曲面的建模。本书内容新颖，知识面广，实用性强，结构合理，排版新颖，图文对照，步骤详细，通俗易懂；教材提供课件下载，用大量的彩图、动画、视频、图片、习题和答案，形象、生动地展示了汽车零件建模、部件装配以及曲面造型的基本流程，方便教师授课和学生自学。

本书由汤少岩副教授、尹永福和贺翠华老师担任主编，叶青艳、冯英荐和马士伟担任副主编。编写分工如下：汤少岩编写项目一和项目二，并对全书进行审阅统稿；尹永福编写项目三；贺翠华编写项目四；叶青艳编写项目五；冯英荐编写项目六；马士伟负责配套资源的统计和整理。本书教学资源有三种获得途径：在北京理工大学出版社网址免费下载、扫描二维码下载和发送邮件至 1093171458@qq.com。

  本书在编写及资源制作过程中得到了烟台亚通汽车零部件有限公司、上汽通用汽车有限公司、吉利汽车研究院（宁波）有限公司、山东科技大学等单位与个人的大力支持和帮助，书中检索了大量汽车网站及汽车教材、论文资料，一并对此表示深深的感谢。由于本书内容新、知识面广，且限于编写者的水平和能力，书中误漏之处难免，诚恳期望得到同行专家和广大读者的批评指正。

编　者

目　录

项目一　汽车主减速器传动轴的建模 ……………………………………… 001

   1.1　项目摘要 ……………………………………………………………… 001
   1.2　学习目标 ……………………………………………………………… 002
   1.3　工作任务分析 ………………………………………………………… 002
   1.4　工作任务实施 ………………………………………………………… 003
   1.5　项目小结 ……………………………………………………………… 026
   1.6　拓展练习 ……………………………………………………………… 026

项目二　汽车曲轴的建模 ……………………………………………………… 027

   2.1　项目摘要 ……………………………………………………………… 027
   2.2　学习目标 ……………………………………………………………… 028
   2.3　工作任务分析 ………………………………………………………… 028
   2.4　工作任务实施 ………………………………………………………… 029
   2.5　项目小结 ……………………………………………………………… 064
   2.6　拓展练习 ……………………………………………………………… 064

项目三　活塞连杆组的建模 …………………………………………………… 065

   3.1　项目摘要 ……………………………………………………………… 065
   3.2　学习目标 ……………………………………………………………… 066
   3.3　工作任务分析 ………………………………………………………… 066
   3.4　工作任务实施 ………………………………………………………… 067
   3.5　项目小结 ……………………………………………………………… 148
   3.6　拓展练习 ……………………………………………………………… 149

项目四　汽车车轮的建模　150

4.1　项目摘要　150
4.2　学习目标　151
4.3　工作任务分析　151
4.4　工作任务实施　152
4.5　项目小结　169
4.6　拓展练习　170

项目五　配气机构的建模　171

5.1　项目摘要　171
5.2　学习目标　172
5.3　工作任务分析　172
5.4　工作任务实施　173
5.5　项目小结　254
5.6　拓展练习　254

项目六　车身曲面的建模　257

6.1　项目摘要　257
6.2　学习目标　257
6.3　工作任务分析　258
6.4　工作任务实施　259
6.5　项目小结　276
6.6　拓展练习　276

参考文献　277

项目一
汽车主减速器传动轴的建模

1.1 项目摘要

本项目是根据汽车主减速器传动轴的二维图纸（图 1-1），建立其三维模型（图 1-2）。通过汽车主减速器传动轴的建模，用户可以快速了解 UG NX 12.0 简单草图绘制、拉伸、回转、创建键槽等命令的基本使用，为学会轴类机械零件的三维建模打好基础。

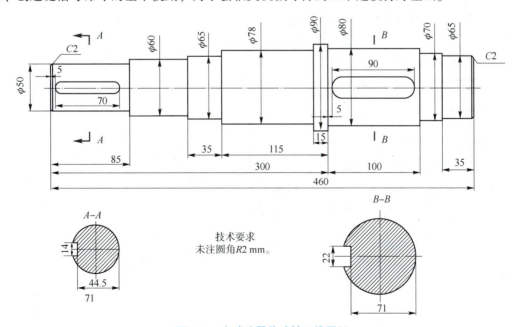

图 1-1 主减速器传动轴二维图纸

图 1-2 主减速器传动轴的三维模型

1.2 学习目标

能力目标

(1) 能够正确识读给定的二维图纸；
(2) 能够确定绘图顺序；
(3) 能够运用草图命令绘制给定的二维图纸；
(4) 能够利用拉伸、回转、镜像等命令建立三维模型；
(5) 能够修改三维模型；
(6) 能够正确创建键槽。

知识目标

(1) 掌握拉伸命令对话框中参数的含义；
(2) 掌握通过草绘截面拉伸实体的方法；
(3) 掌握通过回转截面生成实体的方法；
(4) 掌握布尔运算的操作方法；
(5) 掌握键槽的创建和定位方法。

素质目标

(1) 培养学生善于观察、思考的习惯；
(2) 培养学生动手操作的能力；
(3) 培养学生严谨、认真的绘图意识和态度；
(4) 培养学生团队协作、共同解决问题的能力。

1.3 工作任务分析

1.3.1 零件背景

汽车主减速器传动轴是比较典型的轴类零件之一，属于台阶实心轴类零件，由圆柱面、轴肩、键槽等组成，主要用来支承轴上安装的零部件并传递转矩和承受载荷。轴肩一般是用来对安装在轴上的零件进行轴向定位的，键槽用于安装键来对轴上零件进行周向定位。

1.3.2 结构分析

分析汽车主减速器传动轴的二维图（图1-1）和三维模型（图1-2）可以看出，除了两个键槽外，其二维图纸是上下对称的，选取上半部分或者下面的封闭轮廓线沿着中心线回转360°可以生成三维模型。此外，考察轴的实际加工，整段轴又是由一段毛坯圆柱体分段切削加工而成的。因此，轴主体部分的三维建模有两种方法：一种是符合加工顺序的建模方法，另一种是与加工顺序不同的建模方法。创建轴的主体结构后，再创建倒角特征以及键槽特征等，就可以完成轴的三维建模。

1-1 轴的加工

1.4 工作任务实施

启动UG NX 12.0，选择【文件】→【新建】菜单命令，打开【新建】对话框，新建一个模型文件，名称为Axle.prt，操作如图1-3所示。

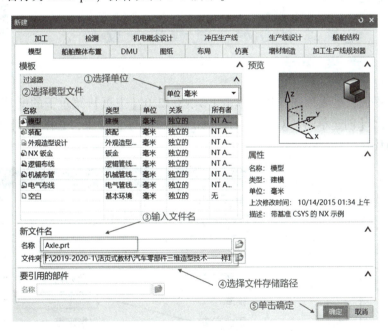

图1-3 新建文件

设置草图绘制环境。依次选择【文件】→【首选项】→【草图】菜单命令，打开【草图首选项】对话框，如图1-4所示，勾选【连续自动标注尺寸】选项。

在绘图区显示基准坐标系。在UG NX 12.0工作界面左侧的部件导航器中进行如图1-5所示的操作，将基准坐标系显示在绘图区中。这样，在绘图区域中显示基准坐标系，如图1-6所示，若不勾选，则基准坐标系处于隐藏状态，不可见。

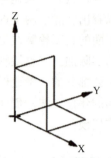

图 1-4 选择【连续自动标注尺寸】　　图 1-5 显示基准坐标系　　图 1-6 绘图区域显示基准坐标系

接下来，将分别按照与加工顺序不同的建模方法和相同的建模方法对主减速器传动轴进行建模。

1.4.1　建模过程与加工过程不一致的建模方法

1-2　回转法建立传动轴的三维模型

选择草图平面，进入草图环境。单击 UG NX 12.0【主页】菜单下的【草图】按钮，此时系统将弹出【创建草图】对话框。按照如图 1-7 所示的步骤，选择 XY 平面作为草图平面，进入草图环境。

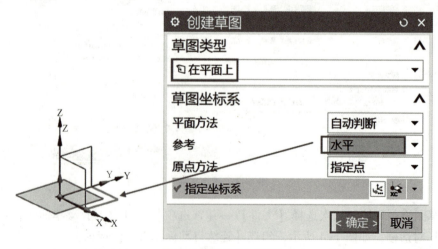

图 1-7　指定草图平面

单击【草图工具条】中的【直线】按钮，绘制一条起始点位于坐标原点、水平向右的长度为 460 mm 的直线，如图 1-8 所示。

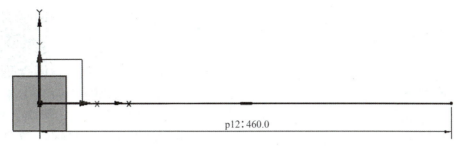

图 1-8　绘制直线

单击【草图工具条】中的【直线】按钮，或者单击【草图工具条】中的【轮廓】按钮完成二维图纸上半部分封闭轮廓线的绘制，如图 1-9 所示，单击【完成草图】按钮退出草图绘制。

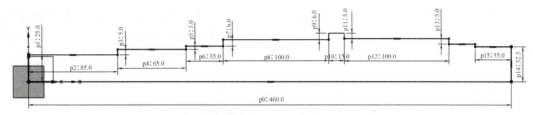

图 1-9　创建主减速器传动轴轮廓线

在【特征】工具条中单击【回转】按钮，在弹出的【回转】对话框中（图 1-10）进行设置，【选择曲线（18）】为图 1-9 建立的封闭的草图曲线；回转【轴】为 X 轴；【指定点】为打开【点】对话框，选择默认的坐标原点；在【限制】中设置开始角度为 0°，结束角度为 360°；【布尔】运算为【无】，单击【确定】按钮，建立轴的主体部分。

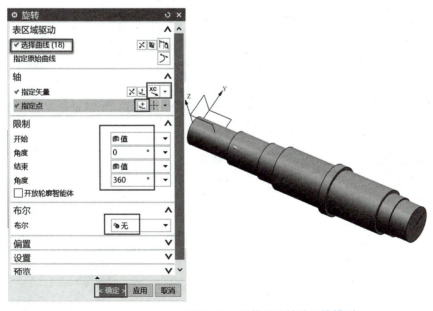

图 1-10　回转建立轴的三维模型

1-3　切割法建立传动轴三维模型

1.4.2 建模过程与加工过程一致的建模方法

在【部件导航器】中选中前两步操作（绘制草图和回转），右键单击，选择【隐藏】选项，如图1-11所示，将前面采用建模过程与加工过程不一致的建模方法建立的轴的模型隐藏。下面，采用与加工过程一致的顺序进行建模。

1-4 逐段叠加法建立传动轴三维模型

首先观察整段轴，可以看出，这段轴是在直径为 ϕ90 mm、长度为460 mm的一段原材料上分段车削加工而成的，下面首先建立原材料模型。

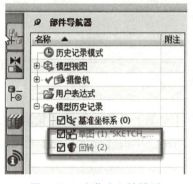

图1-11 隐藏建立的模型

选择草图平面，进入草图环境。单击 UG NX 12.0【主页】菜单下的【草图】按钮，此时系统将弹出【创建草图】对话框。按照如图1-12所示的步骤，选择 XY 平面作为草图平面，进入草图环境。

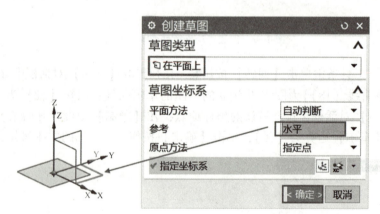

图1-12 指定草图平面

在【直接草图】工具条中单击【圆形】按钮，然后按照如图1-13所示的步骤绘制圆形草图，圆心位于坐标原点，直径为 ϕ90 mm。

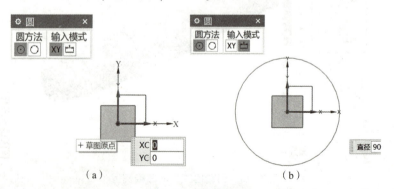

图1-13 绘制圆形
（a）选择坐标原点为圆心；（b）输入直径"90"（默认单位为 mm）

在【直接草图】工具条中单击【完成草图】按钮，完成草图绘制工作。

在【特征】工具条中单击【拉伸】按钮，在弹出的【拉伸】对话框中（图1-14）依次操作：【选择曲线（1）】为草图中绘制的φ90 mm的圆形；设置【指定矢量】也就是拉伸方向为沿着ZC轴方向；设置【限制】中的开始距离为0 mm、结束距离为460 mm。单击【确定】按钮，完成草图拉伸建模。

单击 UG NX 12.0【主页】菜单下的【草图】按钮，此时系统将弹出【创建草图】对话框。选择XY平面作为草图平面，进入草图环境。在【直接草图】工具条中单击【圆形】按钮，绘制圆心位于坐标原点，直径分别为φ78 mm、φ65 mm、φ60 mm、φ50 mm、φ80 mm、φ70 mm的六个同心圆，如图1-15所示。

图1-14 拉伸草图

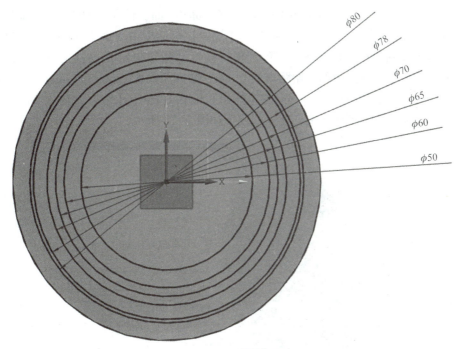

图1-15 绘制草图

在【直接草图】工具条中单击【完成草图】按钮，完成草图绘制工作。在【部件导航器】中刚才绘制的草图上右键单击，选择【显示尺寸】选项，如图1-16所示，将草图曲线尺寸显示在工作区域，如图1-17所示。

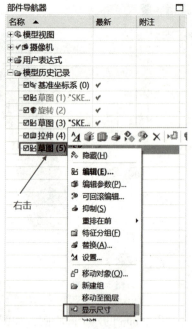

图 1-16 设置显示尺寸

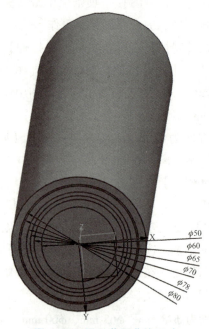

图 1-17 显示草图曲线尺寸

按照加工顺序，车削第一个阶梯轴，即直径为 φ78 mm、长度为 100 mm 的轴。在【特征】工具条中单击【拉伸】按钮，在弹出的【拉伸】对话框中（图 1-18）依次操作：【选择曲线（1）】为草图中绘制的 φ78 mm 的圆形；设置【指定矢量】也就是拉伸方向为沿着 ZC 轴方向；设置【限制】中的开始距离为 0 mm、结束距离为（300-15）mm；【布尔】运算选择【减去】；【偏置】选择【两侧】，【开始】输入 0 mm，【结束】输入 20 mm。单击【确定】按钮，完成草图拉伸建模，建立的模型如图 1-19 所示。

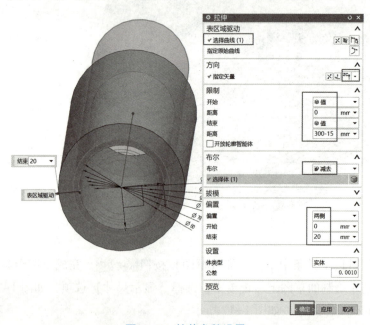

图 1-18 拉伸参数设置

按照加工顺序，车削第二个阶梯轴，即直径为 φ65 mm、长度为 35 mm 的轴。在【特征】工具条中单击【拉伸】按钮，在弹出的【拉伸】对话框中（图1-20）依次操作：【选择曲线（1）】为草图中绘制的 φ65 mm 的圆形；设置【指定矢量】也就是拉伸方向为沿着 ZC 轴方向；设置【限制】中的开始距离为 0 mm、结束距离为（300-115）mm；【布尔】运算选择【减去】；【偏置】选择【两侧】，【开始】输入 0 mm，【结束】输入 20 mm。单击【应用】按钮，完成草图拉伸建模，建立的模型如图 1-21 所示。

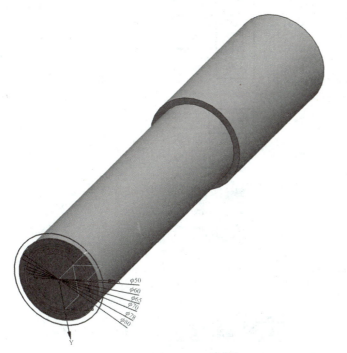

图 1-19 车削 φ78 mm 的轴

图 1-20 拉伸参数设置

图 1-21 车削 φ65 mm 的轴

按照加工顺序，车削第三个阶梯轴，即直径为 φ60 mm、长度为 65 mm 的轴。在【特征】工具条中单击【拉伸】按钮，在弹出的【拉伸】对话框中（图1-22）依次操作：【选择曲线（1）】为草图中绘制的 φ60 mm 的圆形；设置【指定矢量】也就是拉伸方向为沿着 ZC 轴方向；设置【限制】中的开始距离为 0 mm、结束距离为（300-115-35）mm；【布尔】运算选择【减去】；【偏置】选择【两侧】，【开始】输入 0 mm，【结束】输入 20 mm。单击【应用】按钮，完成草图拉伸建模，建立的模型如图 1-23 所示。

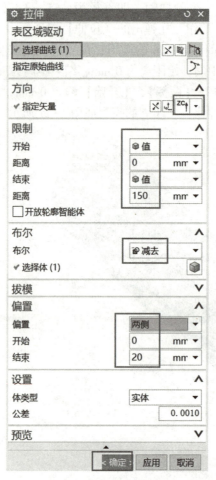

图 1-22 拉伸参数设置

图 1-23 车削 $\phi 60$ mm 的轴

按照加工顺序,车削第四个阶梯轴,即直径为 $\phi 50$ mm、长度为 85 mm 的轴。在【特征】工具条中单击【拉伸】按钮,在弹出的【拉伸】对话框中(图 1-24)依次操作:【选择曲线(1)】为草图中绘制的 $\phi 50$ mm 的圆形;设置【指定矢量】也就是拉伸方向为沿着 ZC 轴方向;设置【限制】中的开始距离为 0 mm、结束距离为 85 mm;【布尔】运算选择【减去】;【偏置】选择【两侧】,【开始】输入 0 mm,【结束】输入 20 mm。单击【应用】按钮,完成草图拉伸建模,建立的模型如图 1-25 所示。

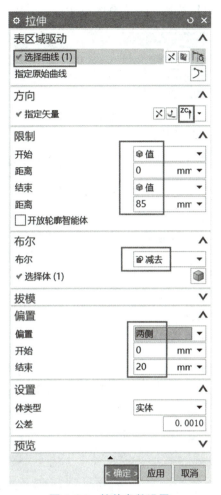

图 1-24　拉伸参数设置

图 1-25　车削 $\phi 50$ mm 的轴

至此，完成轴左边部分的建模。按照加工顺序，车削第五个阶梯轴，即直径为 $\phi 80$ mm、长度为 100 mm 的轴。在【特征】工具条中单击【拉伸】按钮，在弹出的【拉伸】对话框中（图 1-26）依次操作：【选择曲线（1）】为草图中绘制的 $\phi 80$ mm 的圆形；设置【指定矢量】也就是拉伸方向为沿着 ZC 轴方向；设置【限制】中的开始距离为 300 mm、结束距离为 460 mm；【布尔】运算选择【减去】；【偏置】选择【两侧】，【开始】输入 0 mm，【结

011

束】输入 20 mm。单击【应用】按钮，完成草图拉伸建模，建立的模型如图 1-27 所示。

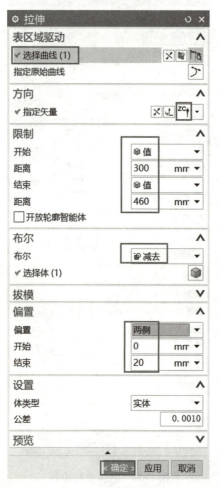

图 1-26 拉伸参数设置

图 1-27 车削 $\phi 80$ mm 的轴

按照加工顺序，车削第六个阶梯轴，即直径为 $\phi 70$ mm、长度为 25 mm 的轴。在【特征】工具条中单击【拉伸】按钮，在弹出的【拉伸】对话框中（图 1-28）依次操作：【选择曲线 (1)】为草图中绘制的 $\phi 70$ mm 的圆形；设置【指定矢量】也就是拉伸方向为沿着 ZC 轴方向；设置【限制】的开始距离为 400 mm、结束距离为 460 mm；【布尔】运算选择【减去】；【偏置】选择【两侧】，【开始】输入 0 mm，【结束】输入 20 mm。单击【应用】

按钮，完成草图拉伸建模，建立的模型如图1-29所示。

图1-28 拉伸参数设置

图1-29 车削 φ70 mm 的轴

现在对最后一段轴建模，即直径为 φ65 mm、长度为 35 mm 的轴。在【特征】工具条中单击【拉伸】按钮，在弹出的【拉伸】对话框中（图1-30）依次操作：【选择曲线（1）】为草图中绘制的 φ65 mm 的圆形；设置【指定矢量】也就是拉伸方向为沿着 ZC 轴方向；设置【限制】中的开始距离为（460-35）mm、结束距离为 460 mm；【布尔】运算选择【减去】；【偏置】选择【两侧】，【开始】输入 0 mm，【结束】输入 20 mm。单击【确定】按钮，完成草图拉伸建模，建立的模型如图1-31所示。

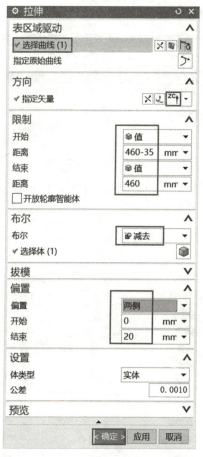

图 1-30　拉伸参数设置

图 1-31　车削 φ65 mm 的轴

综上所述，在绘制各段轴的截面圆草图之后，利用和加工顺序一致的建模方法建立轴的模型反复利用了【拉伸】命令，在表 1-1 中列出了每次拉伸的主要参数设置。各轴的加工顺序如图 1-32 所示。

表 1-1　每段轴拉伸参数设置汇总　　　　　　　　　　　　　　　　　　　　　mm

加工顺序	轴的尺寸		开始值	结束值	偏置（两侧偏置）		布尔运算
	直径	长度			开始值	结束值	
毛坯件	90	460	0	460	不需要偏置		减去
1	78	100	0	300-15	0	20	减去

续表

加工顺序	轴的尺寸		开始值	结束值	偏置（两侧偏置）		布尔运算
	直径	长度			开始值	结束值	
2	65	35	0	300-115	0	20	减去
3	60	65	0	300-150	0	20	减去
4	50	85	0	85	0	20	减去
5	80	100	300	460	0	20	减去
6	70	25	300+100	460	0	20	减去
7	65	35	460-35	460	0	20	减去

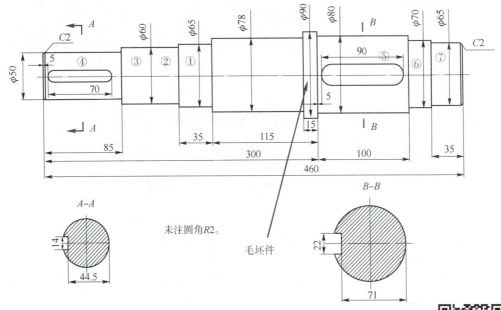

图 1-32 各段阶梯轴的加工顺序（建模顺序）

1.4.3 创建边倒圆、倒斜角和键槽

1-5 边倒圆和倒斜角

在【部件导航器】中选中绘制的草图，右键单击关闭【尺寸显示】。在完成轴的主体部分的建模后，接下来需要边倒圆、倒斜角和创建键槽操作。

(1) 隐藏所有的草图，在【特征】工具条中单击【边倒圆】按钮，弹出【边倒圆】对话框，【选择边 (7)】选择如图 1-33 所示的台阶处的 7 条边线，【形状】为默认的【圆形】，【半径 1】输入【2】，单击【确定】按钮完成边倒圆操作（未注圆角 $R2$）。

轴两端的倒角需要利用倒斜角命令完成，在【特征】工具条中单击【倒斜角】按钮 倒斜角，弹出【倒斜角】对话框，【选择边 (2)】选择如图 1-34 所示的台阶处的 2 条边线，【横截面】选择【偏置和角度】，【距离】输入【2】，【角度】输入【45】，单击【确定】按钮完成倒斜角操作（$2\times45°$）。

图 1-33 边倒圆参数设置

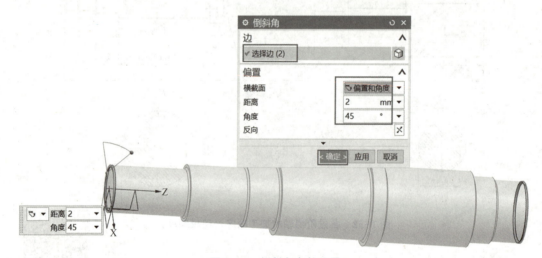

图 1-34 倒斜角参数设置

边倒圆和倒斜角操作完成后的效果如图 1-35 所示。

图 1-35 边倒圆和倒斜角处理后的模型

项目一
汽车主减速器传动轴的建模

绘制键槽，首先分析键槽的尺寸，左边键槽定形尺寸为：长 70 mm，宽 14 mm，深（50-44.5）mm；定位尺寸为：槽的长度方向的中心对称面距离左端面为（70/2+5）mm。右边键槽定形尺寸为：长 90 mm，宽 22 mm，深（80-71）mm；定位尺寸为：槽的长度方向的中心对称面距离左端面为（300+5+90/2）mm。

创建键槽需要用到键槽命令，而在 UG NX 12.0 中键槽命令默认是隐藏的，需要调出。如图 1-36 所示，首先在搜索栏输入键槽，单击搜索图标，找到【键槽（原有）】选项，右键单击将其显示在工具选项卡中。若是需要创建键槽，则可以依次单击【菜单】→【插入】→【设计特征】→【键槽(原有)】按钮 来实现。

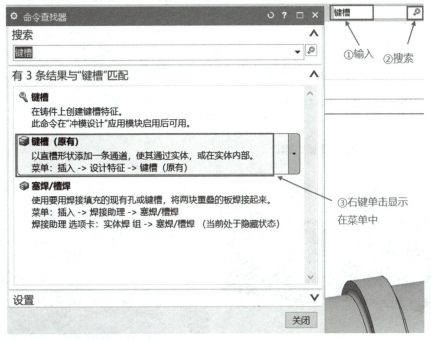

图 1-36 选择【角色-具有完整菜单的高级功能】

在【特征】工具条中单击【基准平面】按钮 ，或者在菜单栏依次单击【插入】→【基准】→【基准平面】按钮，弹出【基准平面】对话框，如图 1-37 进行设置：【类型】选择【自动判断】，【选择对象（1）】选择直径为 φ50 mm、长 85 mm 的一段轴的圆柱面，单击【确定】按钮，插入基准平面。

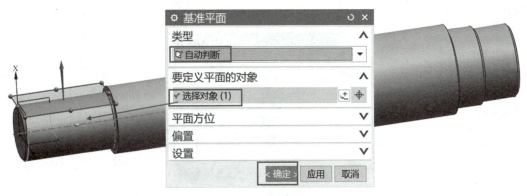

图 1-37 插入基准平面

017

依次单击【菜单】→【插入】→【设计特征】→【键槽(原有)】按钮,弹出【槽】对话框,如图1-38进行设置:选择【矩形槽】,单击【确定】按钮。在弹出来的【矩形槽】对话框中选择【基准平面】选项,如图1-39所示,单击【确定】按钮,在弹出来的【选择对象】对话框中选择图1-37所示的基准平面,在新弹出的对话框中选择【接受默认边】选项,单击【确定】按钮,如图1-40所示。

1-6 创建键槽

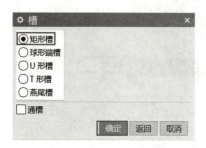

图1-38 选择【矩形槽】

图1-39 选择【基准平面】

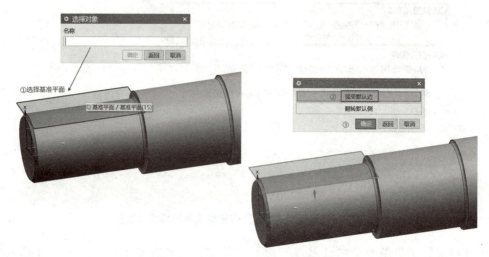

图1-40 选择之前建立的基准平面

在弹出来的【水平参考】对话框中选择【实体面】选项,如图1-41所示。在弹出来的【选择对象】对话框中选择左端直径为 $\phi 50$ mm、长为 85 mm 的一段轴的圆柱面,如图1-42所示。

图1-41 选择【实体面】

图 1-42　选择左端圆柱面

在弹出来的【矩形键槽】对话框中输入键槽的尺寸,【长度】为 70 mm,【宽度】为 14 mm,【深度】为 5.5 mm, 单击【确定】按钮, 如图 1-43 所示。至此, 键槽的形状尺寸已经设置完成。

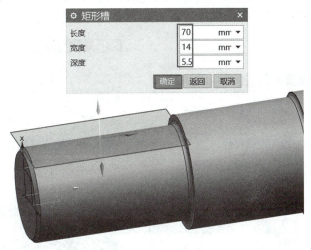

图 1-43　输入键槽尺寸

接下来, 需要对键槽的位置尺寸进行设置。在弹出来的【定位】对话框中选择【垂直】定位方式按钮, 如图 1-44 所示, 弹出一个名为【垂直的】对话框, 此时首先选择 XZ 平面, 如图 1-45 所示; 再选择键槽的长度方向的中心线, 如图 1-46 所示。此时弹出【创建表达式】对话框, 如图 1-47 所示, 输入 0 mm, 含义是键槽长度方向的中心线与 XZ 的垂直距离为 0 mm, 也就是键槽的长度方向的中心线位于 XZ 平面上, 完成键槽的周向定位。

图 1-44　选择【垂直】定位方式

图 1-45　选择 XZ 平面

图 1-46　选择键槽长度方向的中心线

同理，进行键槽的轴向定位，键槽长度方向的中心对称面距离左端面（70/2+5）mm。在上一步弹出的【定位】对话框中，继续选择【垂直】定位方式按钮，如图 1-48 所示，弹出一个名为【垂直的】对话框，此时首先选择 XY 平面，如图 1-49 所示；再选择键槽宽度方向的中心线，如图 1-50 所示。此时弹出【创建表达式】对话框，如图 1-51 所示，输入【40】，含义是键槽宽度方向的中心线与 XY 的垂直距离为 40 mm，完成键槽的轴向定位。

图 1-47　输入定位尺寸

图 1-48　选择【垂直】定位方式

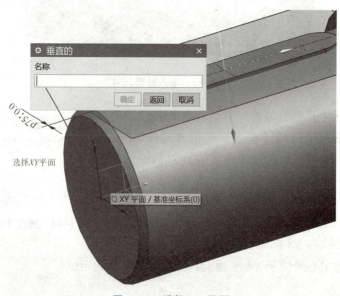

图 1-49　选择 XY 平面

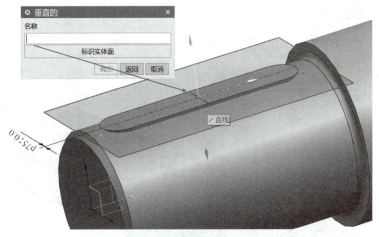

图 1-50 选择键槽宽度方向的中心线

图 1-51 输入定位尺寸

在弹出来的【定位】对话框中单击【确定】按钮，完成键槽的创建工作，如图 1-52 所示。隐藏基准平面，建立的键槽如图 1-53 所示。

图 1-52 单击【确定】按钮完成定位

图 1-53 创建的左端的键槽

接下来利用同样的方法创建右端的键槽。

在【特征】工具条中单击【基准平面】按钮，或者在菜单栏依次单击【插入】→【基准/点】→【基准平面】按钮，弹出【基准平面】对话框，如图 1-54 进行设置：【类型】选择【自动判断】，【选择对象 (0)】为直径 $\phi 80$ mm、长 100 mm 的一段轴的圆柱面，单击【确定】按钮，插入基准平面。

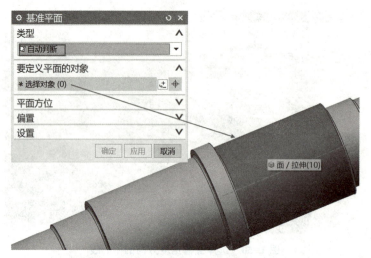

图 1-54　插入基准平面

在菜单栏依次单击【插入】→【设计特征】→【键槽（原有）】按钮，弹出【槽】对话框，按图 1-55 进行设置，选择【矩形槽】，单击【确定】按钮。在弹出来的【矩形槽】对话框中选择【基准平面】选项，如图 1-56 所示。在弹出来的【选择对象】对话框中选择如图 1-54 所示的基准平面，在新弹出的对话框中选择【接受默认边】选项，单击【确定】按钮，如图 1-57 所示。

图 1-55　选择【矩形槽】

图 1-56　选择【基准平面】

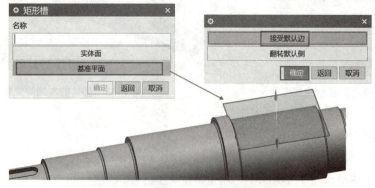

图 1-57　选择之前建立的基准平面

在弹出来的【水平参考】对话框中选择【实体面】选项，如图 1-58 所示；在弹出来的

【选择对象】对话框中选择右端要建立键槽的直径为 φ80 mm、长为 100 mm 的一段轴的圆柱面，如图 1-59 所示。

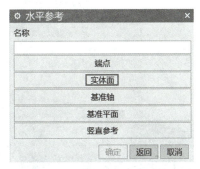

图 1-58 选择【实体面】

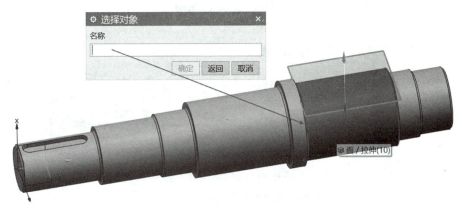

图 1-59 选择要建立键槽的圆柱面

在弹出来的【矩形槽】对话框中输入键槽的尺寸，【长度】为 90 mm，【宽度】为 22 mm，【深度】为 9 mm，单击【确定】按钮，如图 1-60 所示。至此，键槽的尺寸已经设置完成。

接下来，需要对键槽的位置进行设置。在弹出来的【定位】对话框中，选择【垂直】定位方式按钮，如图 1-61 所示。弹出一个名为【垂直的】对话框，此时首先选择 XZ 平面，如图 1-62 所示；再选择键槽的长度方向的中心线，如图 1-63 所示。此时弹出【创建表达式】对话框，如图 1-64 所示，输入【0】，含义是键槽长度方向的中心线与 XZ 的垂直距离为 0 mm，也就是键槽的长度方向的中心线位于 XZ 平面上，完成键槽的周向定位。

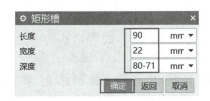

图 1-60 输入键槽尺寸

图 1-61 选择【垂直】定位方式

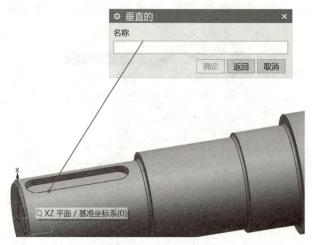

图 1-62 选择 XZ 平面

图 1-63 选择键槽的长度方向的中心线

同理，进行键槽的轴向定位，槽的长度方向的中心对称面距离左端面为（300+5+90/2）mm。在上一步弹出的【定位】对话框中，继续选择【垂直】定位方式按钮，如图 1-65 所示。

图 1-64 输入定位尺寸

图 1-65 选择【垂直】定位方式

弹出一个名为【垂直的】对话框，此时首先选择 XY 平面，如图 1-66 所示；再选择键槽宽度方向的中心线，如图 1-67 所示。此时弹出【创建表达式】对话框，如图 1-68 所示，输入【350】，含义是键槽宽度方向的中心线与 XY 的垂直距离为 350 mm，完成键槽的轴向定位。

在弹出来的【定位】对话框中单击【关闭】按钮，完成键槽的创建工作，如图 1-69 所示。隐藏基准平面，建立的键槽如图 1-70 所示。

项目一
汽车主减速器传动轴的建模

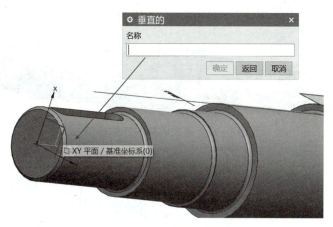

图 1-66　选择 XY 平面

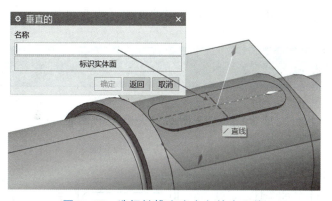

图 1-67　选择键槽宽度方向的中心线

图 1-68　输入定位尺寸　　　图 1-69　单击【关闭】按钮完成键槽创建

图 1-70　创建的右端的键槽

025

至此，完成轴的三维建模工作，如图 1-71 所示。

图 1-71　建立的轴的三维模型

1.5　项目小结

在轴的建模过程中，主要运用了新建草图、绘制草图、拉伸、回转、边倒圆、倒圆角、创建键槽等命令，其中键槽的定位比较难理解，需要多加练习。

1.6　拓展练习

请利用 UG NX 软件完成如图 1-72 所示顶尖模型的创建。

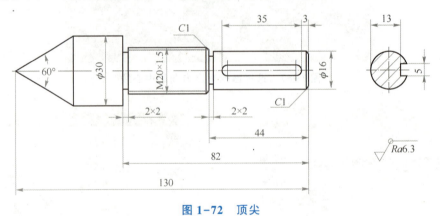

图 1-72　顶尖

项目二
汽车曲轴的建模

2.1 项目摘要

本项目的目的是完成汽车发动机重要零件——曲轴的三维建模（图 2-1）。通过曲轴的实体建模，用户能对 UG 软件三维实体建模操作形成基本认识，可以快速了解 UG NX 12.0 简单草图构建、拉伸、旋转、布尔运算、镜像体等命令的基本使用，并学会轴类机械零件的三维建模。

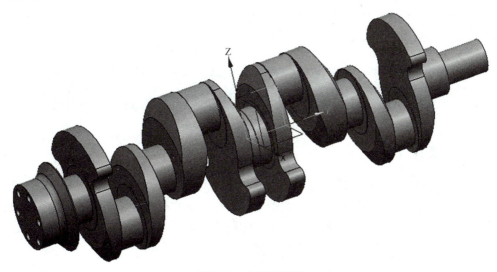

图 2-1 曲轴三维图

2.2 学习目标

能力目标

(1) 能够正确识读给定的二维图纸；
(2) 能够确定绘图顺序；
(3) 能够运用草图命令绘制给定的二维图纸；
(4) 能够利用拉伸、旋转、镜像等命令建立三维模型；
(5) 能够修改三维模型；
(6) 能够利用投影曲线命令绘制草图。

知识目标

(1) 掌握拉伸命令对话框中参数的含义；
(2) 掌握通过草绘截面拉伸实体的方法；
(3) 掌握通过旋转截面生成实体的方法；
(4) 掌握布尔运算的操作方法；
(5) 掌握投影曲线的应用方法；
(6) 掌握镜像命令的应用。

素质目标

(1) 培养学生善于观察、思考的习惯；
(2) 培养学生动手操作的能力；
(3) 培养学生严谨、认真的绘图意识和态度；
(4) 培养学生团队协作、共同解决问题的能力。

2.3 工作任务分析

2.3.1 零件背景

曲轴是汽车发动机中最重要的部件。它承受连杆传来的力，并将其转变为转矩，通过曲轴输出并驱动发动机上其他附件工作。曲轴受到旋转质量的离心力、周期变化的气体惯性力和往复惯性力的共同作用，使曲轴承受弯曲扭转载荷的作用。因此要求曲轴有足够的强度和刚度，轴颈表面需耐磨、工作均匀和平衡性好。

2.3.2 结构分析

分析曲轴的三维图（图2-1）可以看出，其主干形状存在左右对称结构，建立模型时可以按照以下原则进行：先绘制曲轴的一半结构，然后通过镜像完成整体造型，最后对不对称的部分进行建模。

2.4 工作任务实施

启动 UG NX 12.0，选择【文件】→【新建】菜单命令，打开【新建】对话框，新建一个 NX 模型文件，名称为 Crankshaft.prt，操作如图 2-2 所示。

2-2 新建模型文件——设置草图环境

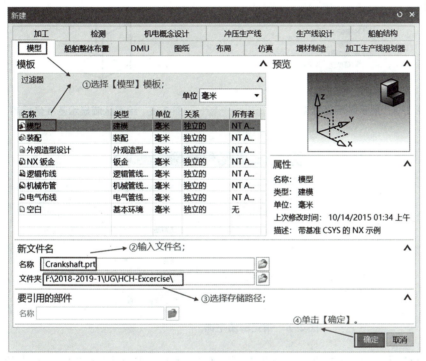

图 2-2 新建文件

（1）设置草图绘制环境。依次选择【文件】→【首选项】→【草图】菜单命令，打开【草图首选项】对话框，如图 2-3 所示，勾选【连续自动标注尺寸】选项。

（2）在绘图区显示基准坐标系。在 UG NX 12.0 工作界面左侧的部件导航器中进行如图 2-4 所示的操作，将基准坐标系显示在绘图区中。这样，在绘图区域中显示基准坐标系，如图 2-5 所示，若不勾选，则基准坐标系处于隐藏状态，不可见。

（3）选择草图平面，进入草图环境。单击 UG NX 12.0【主页】菜单下的【草图】按钮，此时系统将弹出【创建草图】对话框。按照如图 2-6 所示的步骤，选择 XY 平面作为草图平面，进入草图环境。

图 2-3 添加命令按钮

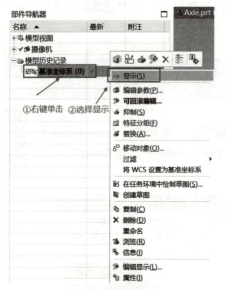

图 2-4 显示基准坐标系

图 2-5 绘图区域显示基准坐标系

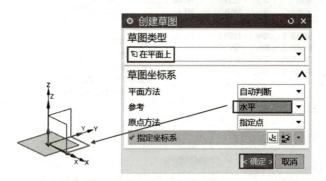

图 2-6 指定草图平面

（4）在【直接草图】工具条中单击【圆形】按钮◯，然后按照如图 2-7 所示的步骤绘制圆形草图，圆心位于坐标原点，直径为 $\phi 80$ mm。

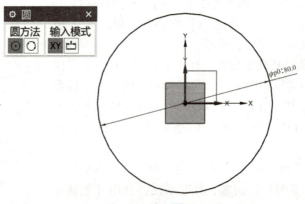

图 2-7 绘制圆形

在【直接草图】工具条中单击【完成草图】按钮，完成曲轴轴颈草图绘制工作。

在【特征】工具条中单击【拉伸】按钮，如图 2-8 所示。

图 2-8 拉伸按钮

2-3 创建拉伸体

在弹出的【拉伸】对话框中，如图 2-9 所示，依次操作：【选择曲线】为草图中绘制的 $\phi 80$ mm 的圆形；设置【指定矢量】也就是拉伸方向为沿着 ZC 轴方向；设置【限制】中的开始距离为 0 mm、结束距离为 17.5 mm。单击【确定】按钮，完成草图拉伸建模。建立的曲轴轴颈实体模型如图 2-10 所示。

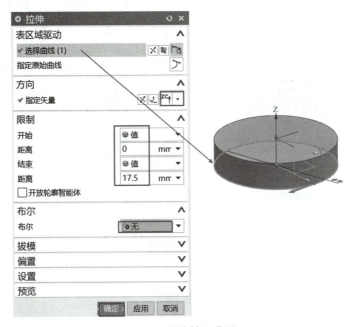

图 2-9 拉伸轴颈草图

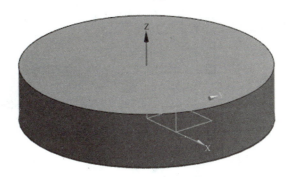

图 2-10 曲轴轴颈模型

在【直接草图】工具条中单击【草图】按钮，或选择【插入】→【草图】菜单命令,此时系统将弹出【创建草图】对话框。按照如图 2-11 所示的步骤,选择轴颈上平面为草图平面,进入草图环境。

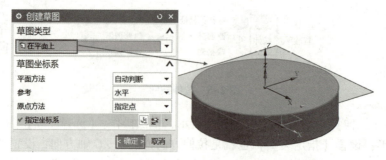

图 2-11　设置草图平面

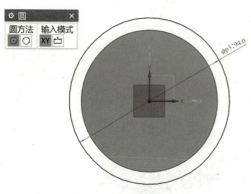

图 2-12　绘制草图

在【直接草图】工具条中单击【圆形】按钮⃝,绘制圆心位于坐标原点、直径为 φ94 mm 的圆形,如图 2-12 所示。

在【直接草图】工具条中单击【完成草图】按钮,完成曲轴轴颈草图绘制工作。

在【特征】工具条单击【拉伸】按钮,在弹出的【拉伸】对话框中,如图 2-13 所示,依次操作:【选择曲线 (1)】为草图中绘制的 φ94 mm 的圆形;设置【指定矢量】也就是拉伸方向为沿着 ZC 轴方向;设置【限制】中的开始距离为 0 mm、结束距离为 1 mm;其余选择默认。单击【确定】按钮,完成草图拉伸建模。建立的模型如图 2-14 所示。

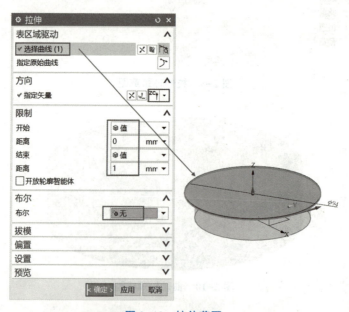

图 2-13　拉伸草图

图 2-14 模型展示

在【直接草图】工具条中单击【草图】按钮，或选择【插入】→【草图】菜单命令，此时系统将弹出【创建草图】对话框。按照如图 2-15 所示的步骤，以刚拉伸的圆柱的上表面为草图平面，进入草图环境绘制曲柄的外轮廓草图，拟绘制的曲柄外轮廓草图如图 2-16 所示。

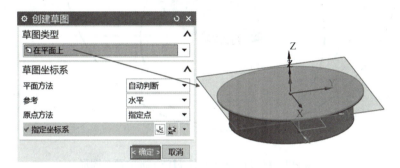

图 2-15 设置草图平面

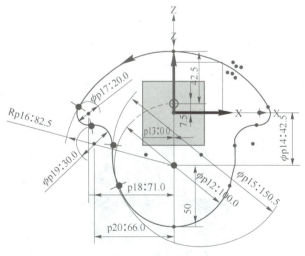

图 2-16 曲柄外轮廓草图

分析曲柄的外轮廓草图，确定绘图顺序，首先曲柄的外轮廓草图是左右对称的，因此可以考虑先绘制一半，利用镜像命令完成另外一半的绘制。

2-4 绘制曲柄草图

在【直接草图】工具条中单击【圆形】按钮⬤，绘制圆心位于坐标原点、直径为 φ185 mm 及圆心位于 Y 轴负半轴与 X 轴距离为 42.5 mm、直径为 φ100 mm 的两个圆形，如图 2-17 所示。

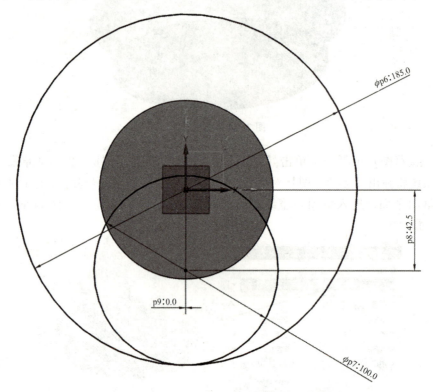

图 2-17　绘制 φ100 mm 和 φ185 mm 的两个圆形

在 φ100 mm 和 φ185 mm 的两个圆形的左上环形区域绘制 φ20 mm 的圆，如图 2-18 所示。

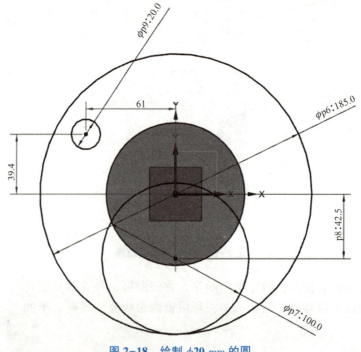

图 2-18　绘制 φ20 mm 的圆

首先，对φ20 mm 的圆进行圆心位置的约束。首先设置圆心的【水平尺寸】为 66 mm，双击其水平尺寸，输入"66"，单位默认 mm，如图 2-19 所示。其次，在【直接草图】工具条【更多】中单击【几何约束】按钮 几何约束，对φ20 mm 的圆施加几何约束，使其与φ185 mm 的圆形相内切，如图 2-20 所示。其中要约束的对象为φ20 mm 的圆，要约束到的对象选择φ185 mm 的圆，选择两个圆时一定注意分别单击目标切点附近的位置，否则可能会生成外切的图形。两圆相切后会形成相切记号，这样即完成φ20 mm 圆形的绘制工作。

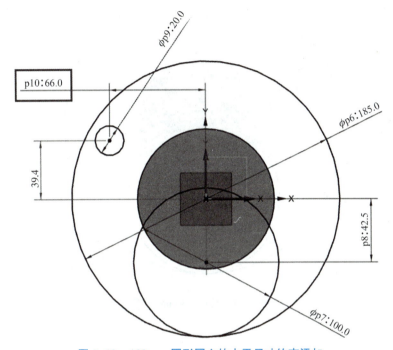

图 2-19　φ20 mm 圆形圆心的水平尺寸约束添加

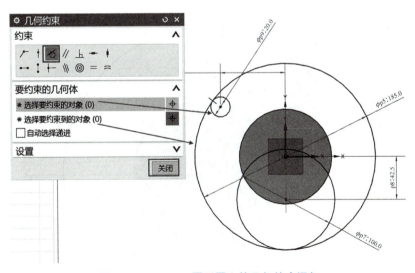

图 2-20　φ20 mm 圆形圆心的几何约束添加

同理，绘制φ30 mm 的圆形，添加【水平尺寸】为 66 mm，与φ20 mm 的圆外切，如

图 2-21 所示。要使绘制的圆形与已知圆形相切，除了添加几何约束外也可以采用下面的办法：在绘制过程中，先大致单击确定圆心位置，然后左右晃动鼠标，软件会自动判断与已知圆形的位置关系，当与已知圆形出现相切符号时，代表将要绘制的圆形与已知圆形相切，再输入直径尺寸，如图 2-22 所示。

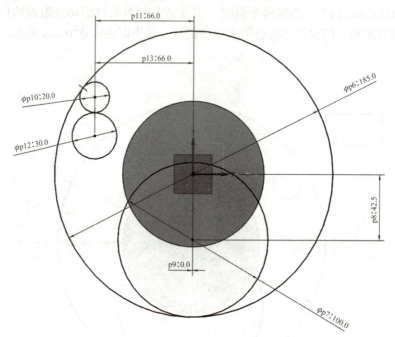

图 2-21　绘制 $\phi 30$ mm 的圆

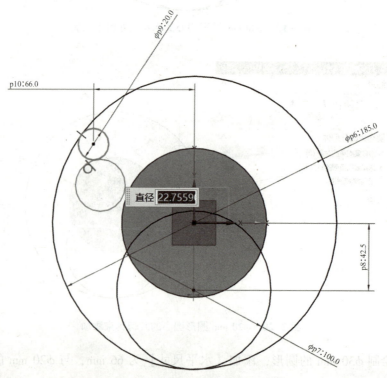

图 2-22　绘制与已知圆相切的圆形

接下来绘制 φ150 mm 的圆,需要既与 φ30 mm 的圆外切又要与 φ100 mm 的圆内切。在绘制过程中,先保证与 φ30 mm 的圆外切,输入直径【150】,如图 2-23 所示,然后再施加几何约束,如图 2-24 所示,保证 φ150 mm 的圆与 φ100 mm 的圆内切。

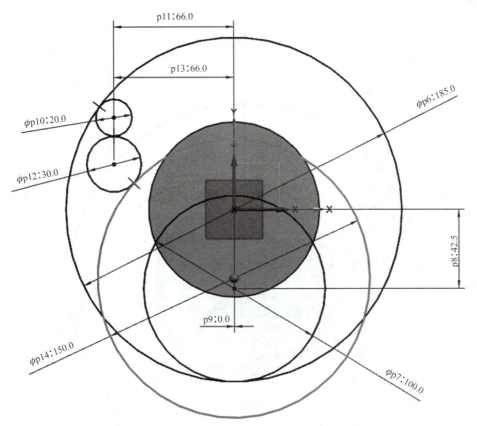

图 2-23　绘制 φ150 mm 并且与 φ30 mm 外切的圆

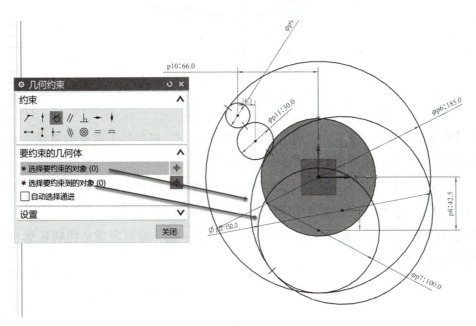

图 2-24　对 φ150 mm 的圆施加几何约束使其与 φ100 mm 的圆内切

这样就完成了曲柄外轮廓草图的基本绘制,下面进行曲线修剪。为了达到左右对称的要求,沿着 Y 轴绘制一条辅助线,利用【直线】绘制按钮 绘制一条过原点的直线,如图 2-25 所示。

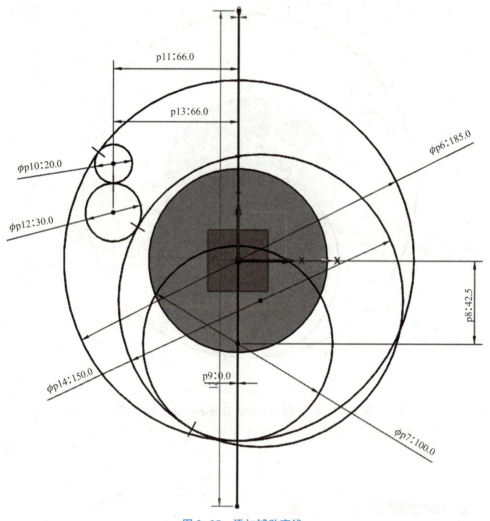

图 2-25　添加辅助直线

在【直接草图】工具条中单击【快速修剪】按钮,修剪掉不需要的曲线,完成左半部分草图的绘制工作,最终图形如图 2-26 所示。

在【直接草图】工具条中单击【镜像曲线】按钮,选择左半部分的曲线,中心线为 Y 轴,单击【确定】按钮完成右半部分草图的绘制,如图 2-27 所示。

在【直接草图】工具条中单击【完成草图】按钮,绘制完成的曲柄轮廓草图,如图 2-28 所示。

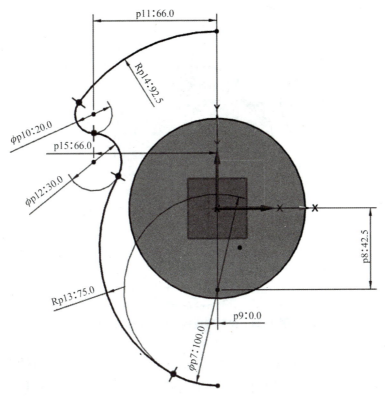

图 2-26 曲柄轮廓草图左半部分

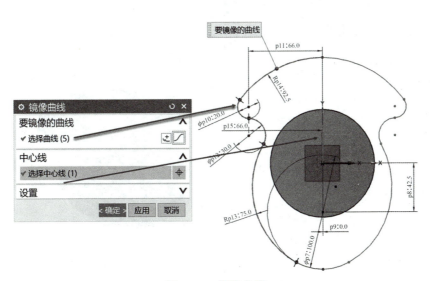

图 2-27 镜像曲线

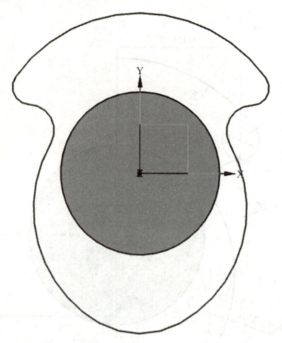

图 2-28 绘制完成的曲柄外轮廓草图

在【特征】工具条中单击【拉伸】按钮,在弹出的【拉伸】对话框中,如图 2-29 所示,依次操作:【选择曲线(10)】为草图中绘制的曲柄外轮廓;设置【指定矢量】也就是拉伸方向为沿着 ZC 轴方向;设置【限制】中的开始距离为 0 mm、结束距离为 22.5 mm;其余选择默认。单击【确定】按钮,完成草图拉伸建模,建立的模型如图 2-30 所示。

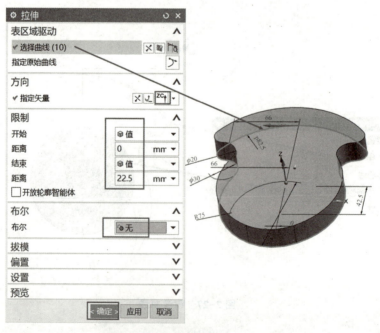

图 2-29 拉伸曲柄

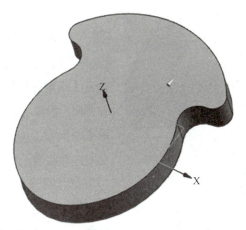

图 2-30 建立的单个曲柄模型

在【直接草图】工具条中单击【草图】按钮，或选择【插入】→【草图】菜单命令，此时系统将弹出【创建草图】对话框。按照如图 2-31 所示的步骤，选择曲柄上平面作为草图平面，进入草图环境。绘制直径为 φ90 mm 的圆形，给圆心位置施加尺寸约束，【水平尺寸】距离草图原点为 0 mm，【竖直尺寸】距离草图原点为 47.5 mm，如图 2-31 所示。单击【完成草图】按钮，完成草图绘制。

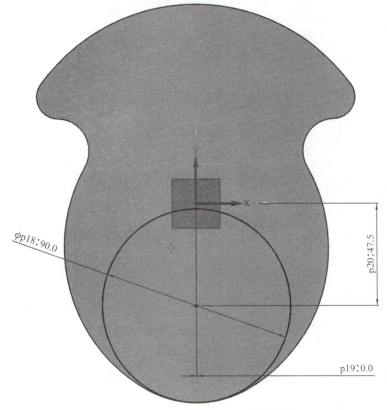

图 2-31 草图绘制

2-5 创建曲轴曲柄

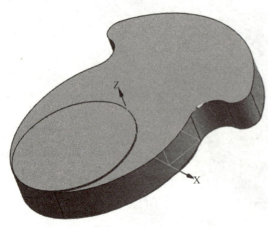

图 2-32 拉伸草图

在【特征】工具条中单击【拉伸】按钮，在弹出的【拉伸】对话框中依次操作：【选择曲线（1）】为上面绘制的 ϕ90 mm 的圆；设置【指定矢量】也就是拉伸方向为沿着 ZC 轴方向；设置【限制】中的开始距离为 0 mm、结束距离为 1 mm。单击【确定】按钮，完成草图拉伸建模。建立的模型如图 2-32 所示。

在【直接草图】工具条中单击【草图】按钮，或选择【插入】→【草图】菜单命令，此时系统将弹出【创建草图】对话框。按照如图 2-33 所示的步骤，选择模型上平面为草图平面，进入草图环境，绘制直径为 ϕ66 mm 的圆形，给圆心位置施加尺寸约束，【水平尺寸】距离草图原点为 0 mm，【竖直尺寸】距离草图原点为 52.5 mm，如图 2-33 所示。单击【完成草图】按钮，完成草图绘制。

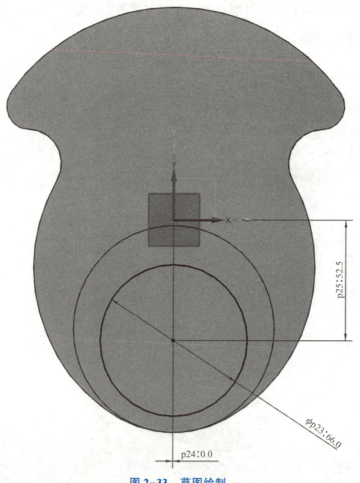

图 2-33 草图绘制

在【特征】工具条中单击【拉伸】按钮，在弹出的【拉伸】对话框中依次操作：【选择曲线（1）】为上面绘制的 φ66 mm 的圆；设置【指定矢量】也就是拉伸方向为沿着 ZC 轴方向；设置【限制】中的开始距离为 0 mm、结束距离为 40 mm。单击【确定】按钮，完成草图拉伸建模，建立的模型如图 2-34 所示。

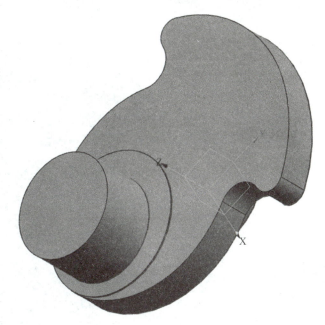

图 2-34　拉伸草图

重复前面操作过程，在模型上表面绘制直径为 φ90 mm 的圆，拉伸 1 mm，如图 2-35 所示。

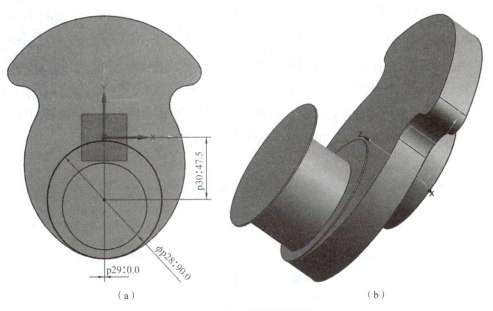

图 2-35　绘制并拉伸草图

在左侧【部件导航器】中选择曲柄外轮廓的草图操作,如图 2-36 所示,双击打开进入草图绘制环境。绘制一个圆形,施加几何约束,使其分别与 ϕ100 mm 的圆相内切、与两个 ϕ30 mm 的圆相外切,设置【水平尺寸】为 0 mm,保证圆心在 Y 轴上,如图 2-37 所示。单击【完成草图】按钮,完成草图绘制。

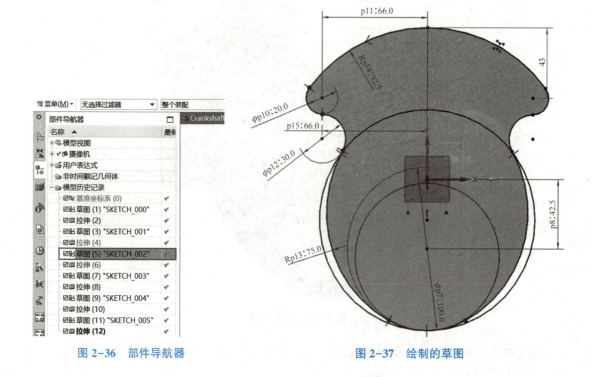

图 2-36　部件导航器　　　　　　　　图 2-37　绘制的草图

单击【插入】→【草图曲线】→【投影曲线】,或者在菜单栏【曲线】下面【派生曲线】中选择【投影曲线】按钮,如图 2-38 所示。选择在曲柄轮廓草图中新建立的圆形,将其投影在模型上表面,如图 2-39 所示。如果不能选择曲线,只能选择整个草图的话,则需要在绘图区域右键单击,弹出【选择过滤器】对话框,选择【单条曲线】就可以选择曲线了,如图 2-40 所示。形成的投影曲线如图 2-41 所示。

2-6　绘制投影曲线

图 2-38　投影曲线菜单

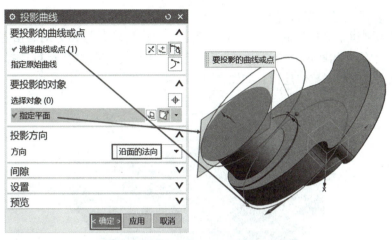

图 2-39　选择投影曲线

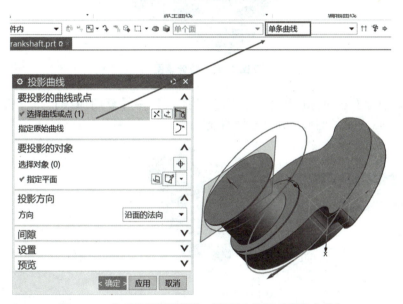

图 2-40　在【选择过滤器】对话框中选择【单条曲线】

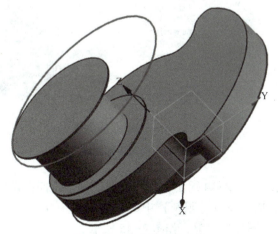

图 2-41　生成的投影曲线

2-7　拉伸投影曲线

在【特征】工具条中单击【拉伸】按钮,在弹出的【拉伸】对话框中依次操作:【选择曲线(1)】为刚建立的投影曲线;设置【指定矢量】也就是拉伸方向为沿着 ZC 轴方向;设置【限制】中的开始距离为 0 mm、结束距离为 40 mm;【布尔】运算选择【无】。单击【确定】按钮,完成草图拉伸建模,如图 2-42 所示。

图 2-42 拉伸草图

同理,以模型上表面为投影平面,单击【插入】→【草图曲线】→【投影曲线】按钮,选择图 2-43 显示的圆形,建立投影曲线。

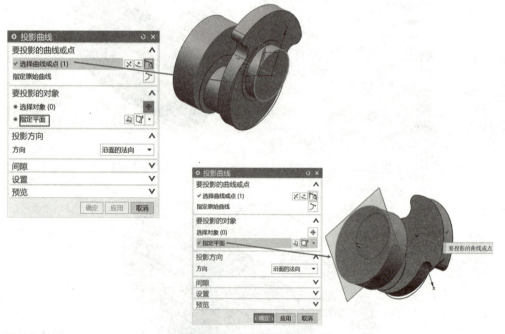

图 2-43 插入投影曲线

新生成的投影曲线,如图 2-44 所示,将投影曲线进行拉伸:设置【指定矢量】也就是拉伸方向为沿着 ZC 轴方向;设置【限制】中的开始距离为 0 mm、结束距离为 35 mm。单击【确定】按钮,完成草图拉伸建模,如图 2-45 所示。

图 2-44 建立的投影曲线

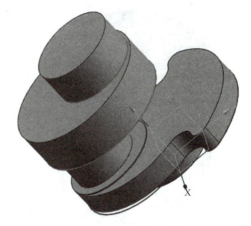
图 2-45 拉伸建立的模型

重复前面的操作过程，在模型上表面建立草图，建立投影曲线，进行拉伸，拉伸量为 1 mm，如图 2-46 所示。

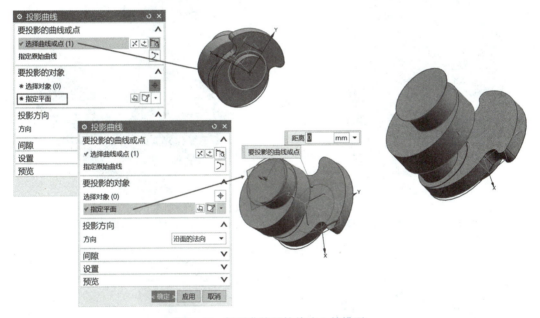
图 2-46 投影曲线再拉伸建立的模型

以模型上表面为草图平面，建立草图，绘制圆形，与如图 2-47 所示的两个圆形分别相切，并且圆心位于竖直轴上，单击【完成草图】按钮完成操作。与前面拉伸操作类似，拉伸 25 mm，建立的模型如图 2-48 所示。

以模型上表面为草图平面，建立草图，绘制圆形，直径为 $\phi 90$ mm，与已知圆内切，圆心位于 Y 轴上，如图 2-49 所示，单击【完成草图】按钮完成操作。与前面拉伸操作类似，拉伸 1 mm，建立的模型如图 2-50 所示。

以模型上表面为草图平面，建立草图，绘制圆形，直径为 $\phi 66$ mm，圆心位于 Y 轴上半部分，距离原点 52 mm，如图 2-51 所示，单击【完成草图】按钮完成操作。与前面拉伸操作类似，拉伸 40 mm，建立的模型如图 2-52 所示。

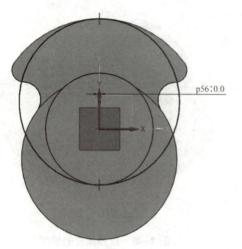

图 2-47 绘制的草图（一）

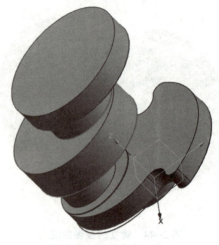

图 2-48 草图拉伸（一）

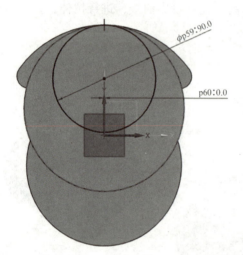

图 2-49 绘制的草图（二）

图 2-50 草图拉伸（二）

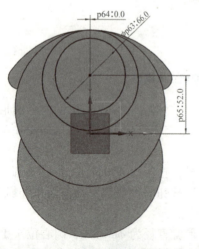

图 2-51 绘制的草图（三）

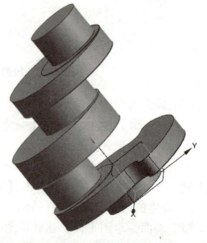

图 2-52 草图拉伸（三）

重复前面的操作过程，以图2-53中单条曲线进行投影，建立投影曲线，进行拉伸，拉伸量为1 mm，如图2-54所示。

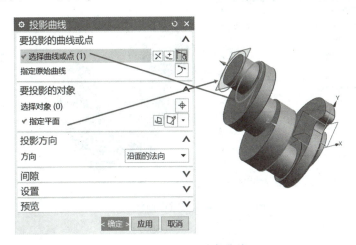

图2-53 投影的单条曲线

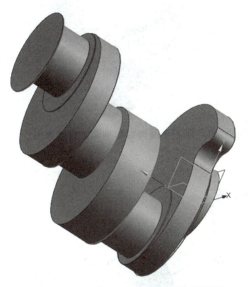

图2-54 建立的拉伸模型

2-8 绘制镜像曲线

重复前面的操作过程，以模型上表面为投影平面，将曲柄外轮廓曲线进行投影，建立投影曲线，如图2-55所示。依次单击【菜单】→【插入】→【关联复制】→【镜像几何体】按钮，要镜像的几何体选择上一步建立的投影曲线，镜像平面指定平面为垂直于YC方向，也就是选择XZ平面，如图2-56所示。将镜像后的曲线进行拉伸，拉伸量为22.5 mm，如图2-57所示，最终建立的模型如图2-58所示。

以YZ平面为草图平面进行草图绘制，如图2-59所示，建立夹角30°的【角度尺寸】约束和70 mm的【竖直尺寸】约束，完成草图绘制，一定注意建立的三条曲线必须是闭合的、首尾相连的。单击【完成草图】按钮完成操作，并退出草图环境。

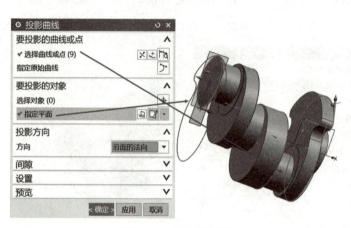

图 2-55　建立的投影曲线

2-9　创建回转体

图 2-56　对投影曲线以 XOZ 平面为对称平面进行镜像

2-10　三维实体的【布尔】运算

图 2-57　拉伸曲线

2-11　回转体的创建和【布尔】运算

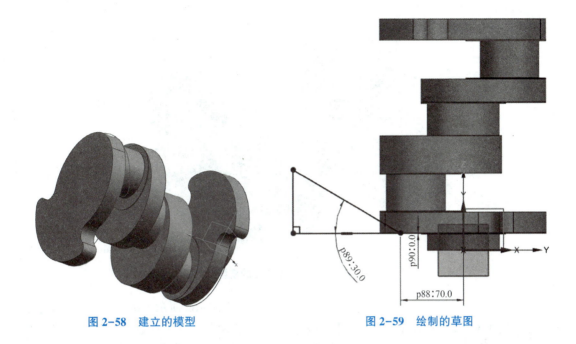

图 2-58　建立的模型　　　　　　　图 2-59　绘制的草图

在【特征】工具条中单击【回转】按钮，在弹出的【回转】对话框中（图 2-60）进行设置：【选择曲线（3）】为上一步建立的三条直线；轴的【指定矢量】为 ZC 轴，【指定点】为打开【点】对话框，选择默认的坐标原点；设置【限制】中的开始角度为 90°、结束角度为 -90°；【布尔】运算选择【减去】；选择体为曲柄，建立的模型如图 2-61 所示。

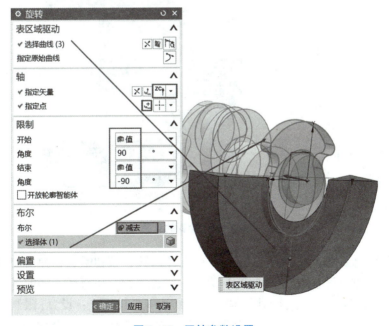

图 2-60　回转参数设置

图 2-61 回转求差建立的模型

以 YZ 平面为草图平面进行草图绘制，绘制草图，如图 2-62 所示，建立夹角 30°的【角度尺寸】约束和 70 mm 的【竖直尺寸】约束，完成草图绘制，一定注意建立的三条曲线必须是闭合且首尾相连的，单击【完成草图】按钮完成操作，并退出草图环境。

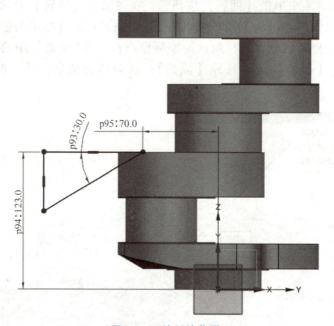

图 2-62 绘制的草图

与前面操作类似，在【特征】工具条中单击【回转】按钮，在弹出的【回转】对话框中（图 2-63）进行设置：【选择曲线】为上一步建立的三条直线；轴的【指定矢量】为 ZC 轴；【指定点】为打开【点】对话框，选择默认的坐标原点；设置【限制】中的开始角度为 90°、结束角度为-90°；【布尔】运算为【减去】；选择体为重合的一段圆柱体，建立的模型如图 2-64 所示。

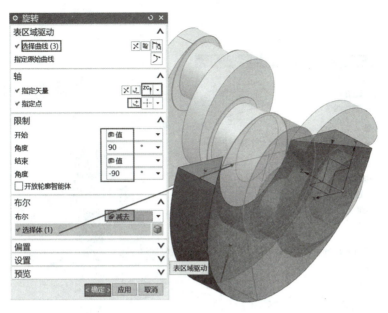

图 2-63　回转参数设置

重复上述步骤，以 YZ 平面为草图平面进行草图绘制，绘制草图如图 2-65 所示，注意此处草图中绘制的三条曲线的 30°角顶点与轴的回转中心线之间的竖直距离为 75 mm。回转求差，为保证回转轴线为下面一段轴的回转中心线，需要在设置回转参数时，【指定矢量】为沿着 ZC 轴方向，【指定点】需要打开【点】对话框（图 2-66），然后选择如图 2-67 所示的下面一段轴颈的轮廓圆弧的中心点。其余回转参数的设置如图 2-66 所示，得到的模型如图 2-68 所示。

图 2-64　回转求差建立的模型

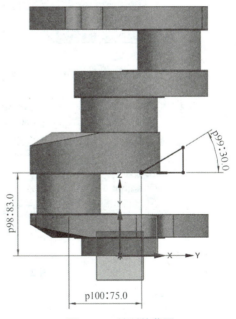

图 2-65　绘制的草图

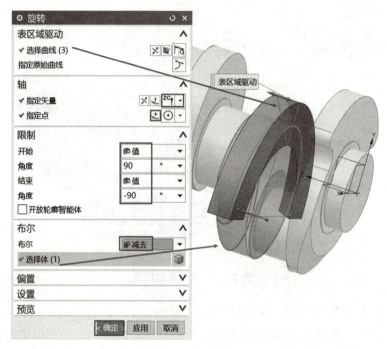

图 2-66　回转参数设置

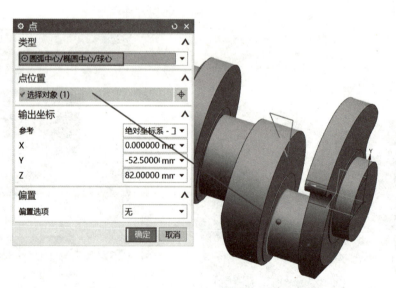

图 2-67　回转轴线的指定点设置

图 2-68 回转求差建立的模型

重复上述步骤，以 YZ 平面为草图平面进行草图绘制，绘制草图，如图 2-69 所示，注意此处草图中绘制的三条曲线的顶点与下面一段轴的回转中心线之间的竖直距离为 70 mm。回转求差，回转轴线为下面一段轴的回转中心线，得到的模型如图 2-70 所示。

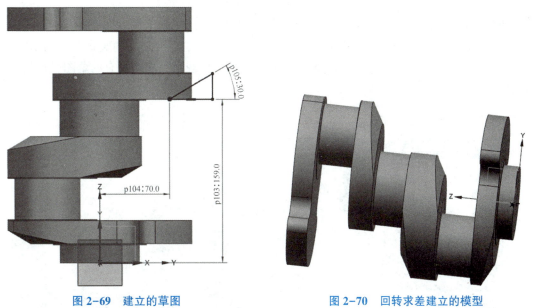

图 2-69 建立的草图　　　　　　图 2-70 回转求差建立的模型

重复上述步骤，以 YZ 平面为草图平面进行草图绘制，绘制草图如图 2-71 所示，注意此处草图中绘制的三条曲线的 30°角顶点与上面一段轴的回转中心线之间的竖直距离为 75 mm。回转求差，回转轴线为上面一段轴的回转中心线，得到的模型如图 2-72 所示。

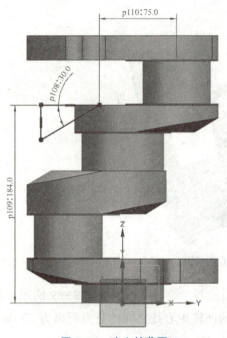

图 2-71 建立的草图

图 2-72 回转求差建立的模型

重复上述步骤，以 YZ 平面为草图平面进行草图绘制，绘制草图如图 2-73 所示，注意此处草图中绘制的三条曲线的下顶点与下面一段轴的回转中心线之间的竖直距离为 70 mm。回转求差，回转轴线为上面一段轴的回转中心线，为方便观察，隐藏所有的草图，得到的模型如图 2-74 所示。

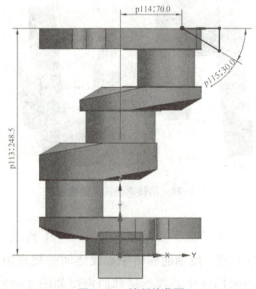

图 2-73 绘制的草图

图 2-74 回转求差建立的模型（隐藏所有的草图）

到此为止，完成了曲轴对称结构中的一半的建模，现在利用【镜像特征】命令完成对称的另外一部分的建模。单击【特征】工具条【更多】中的【镜像特征】命令，如图 2-75 所示设置镜像特征的参数，在【要镜像的特征】的【部件导航器】中选择前面建立的所有的【拉伸】和【回转】特征，【镜像平面】选择 XY 平面。镜像完成后建立的模型如图 2-76 所示。

2-12 镜像特征创建对称实体

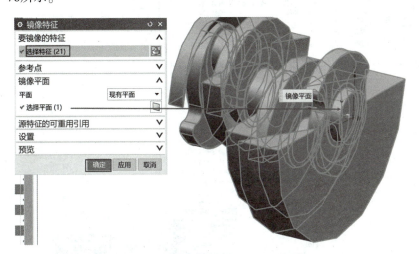

图 2-75 【镜像特征】参数设置

图 2-76 镜像实体建立的模型

2-13 创建非对称部分实体模型（曲轴后端）

单击【直接草图】工具条中的【草图】按钮，如图 2-77 所示，选择草图平面为模型的上端面，草图方向为水平，绘制草图。

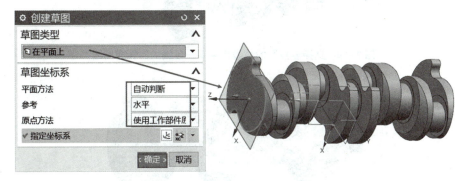

图 2-77 创建草图参数设置

在菜单栏依次单击【插入】→【草图曲线】→【投影曲线】按钮，如图 2-78 所示，弹出【投影曲线】对话框，选择如图 2-79 所示的一段主轴的回转轴线进行投影，得到的投影曲线草图如图 2-80 所示。单击【完成草图】按钮完成操作，并退出草图绘制环境。

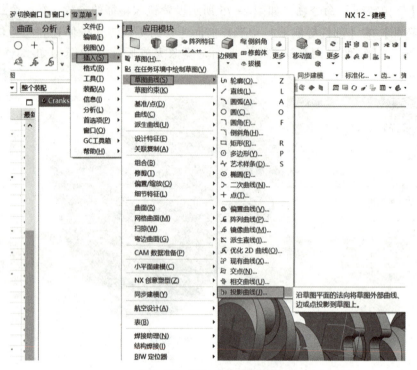

图 2-78　插入【投影曲线】

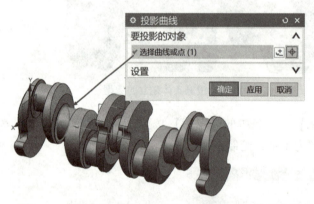

图 2-79　选择要投影的曲线为中间一段轴的回转圆周线

图 2-80　绘制的草图

将上述绘制的草图按照图 2-81 所示的参数拉伸 40 mm，得到的模型如图 2-82 所示。

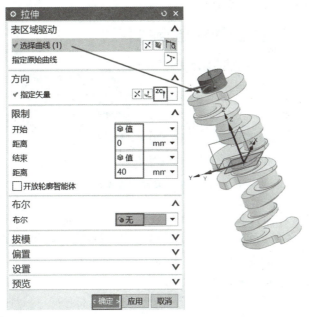

图 2-81 拉伸参数设置

图 2-82 拉伸建立的模型

2-13 创建非对称部分实体模型（曲轴前端）

以模型上表面为草图平面建立草图，如图 2-83 所示，绘制 φ45 mm 的圆形，单击【完成草图】按钮。与前面拉伸操作类似，拉伸 65 mm，建立的模型如图 2-84 所示。

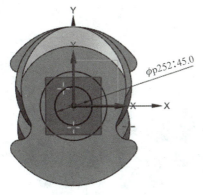

图 2-83 绘制的草图

图 2-84 拉伸建立的模型

单击【直接草图】工具条中的【草图】按钮，如图 2-85 所示，选择草图平面为模型的下端面，草图方向为水平，绘制草图。

图 2-85　草图平面设置

在菜单栏依次单击【插入】→【草图曲线】→【投影曲线】按钮，弹出【投影曲线】对话框，选择如图 2-86 所示的一段轴的回转轴线进行投影，得到的投影曲线草图如图 2-87 所示。单击【完成草图】按钮完成操作，并退出草图绘制环境。

图 2-86　选择要投影的圆周线

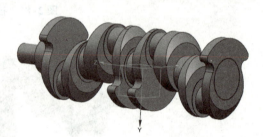

图 2-87　通过【投影曲线】绘制的草图

将上述绘制的草图按照图 2-88 所示的参数拉伸 1 mm，得到的模型如图 2-89 所示。

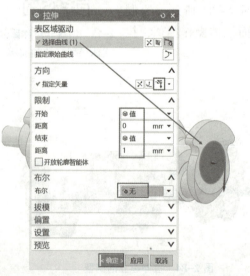

图 2-88　拉伸参数设置

图 2-89　拉伸建立的模型

与前面操作类似,选择草图平面为模型的下端面,草图方向为水平,绘制草图。在菜单栏依次单击【插入】→【草图曲线】→【投影曲线】按钮,弹出【投影曲线】对话框,选择如图 2-90 所示的一段轴的回转轴线进行投影,得到投影曲线草图。单击【完成草图】按钮完成操作,退出草图绘制环境。将上述绘制的草图沿着 Z 轴的负半轴方向拉伸 35 mm,得到的模型如图 2-91 所示。

图 2-90 选择要投影的曲线

图 2-91 拉伸建立的模型

以模型下表面为草图平面建立草图,如图 2-92 所示,绘制 φ122 mm 的圆形,单击【完成草图】按钮完成操作。与前面拉伸操作类似,拉伸 46 mm,建立的模型如图 2-93 所示。

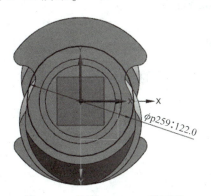
图 2-92 绘制 φ122 mm 的圆形

图 2-93 拉伸建立的模型

2-14 创建非对称部分实体模型

2-15 创建轴端回转特征

单击【直接草图】工具条中的【草图】按钮,如图 2-94 所示,选择草图平面为 XZ 平面,草图方向为【竖直】,绘制草图。

绘制的草图如图 2-95 所示,单击【完成草图】按钮完成操作。

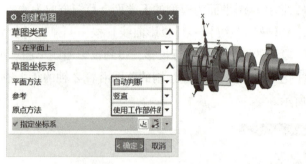

图 2-94　草图平面参数设置

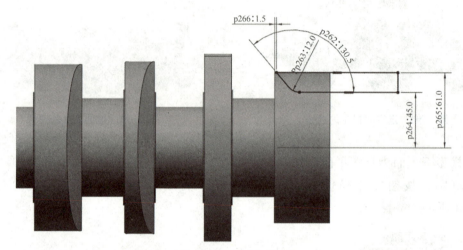

图 2-95　绘制的草图

将上述草图按照图 2-96 所设置的参数进行回转，求差，得到的模型如图 2-97 所示。

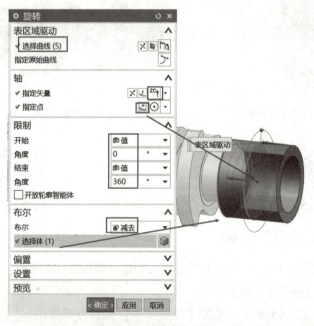

图 2-96　回转参数设置

图 2-97 回转求差建立的模型

2-16 创建孔特征

单击【直接草图】工具条中的【草图】按钮，如图 2-98 所示，选择草图平面为模型下端面，草图方向为【水平】，绘制草图。绘制的草图如图 2-99 所示，单击【完成草图】按钮完成操作。

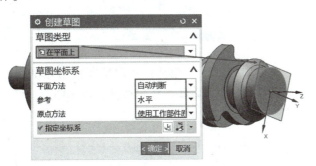

图 2-98 草图平面设置

2-17 对曲轴个实体进行求和操作

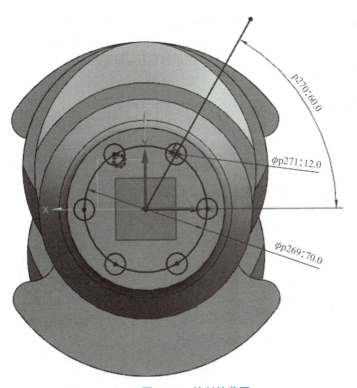

图 2-99 绘制的草图

2-18 曲轴模型三维展示

将草图中六个圆环拉伸 25 mm 并求差，隐藏所有的草图和基准坐标系，并对所有实体进行求和操作，最终建立的模型如图 2-100 所示。

图 2-100　建立的曲轴三维模型

2.5　项目小结

在这个项目的完成过程中，反复用到的操作包括：新建草图，选择草图平面，绘制直线，绘制圆弧、投影曲线，完成草图，拉伸，旋转，布尔运算，镜像体等。这些命令是建立三维模型的基础，需要多加练习。

2.6　拓展练习

请利用 UG NX 软件完成图 2-101 所示模型的创建。

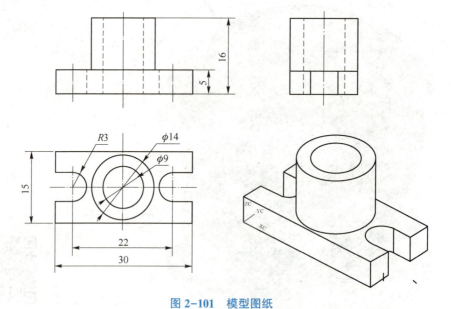

图 2-101　模型图纸

项目三

活塞连杆组的建模

3.1　项目摘要

本项目是完成汽车发动机重要部件——活塞连杆组件的三维建模（图3-1）。通过活塞连杆组的实体建模，用户能加深对利用 UG 软件进行三维实体建模的认识，初步了解零件装配的定义和实现方法。

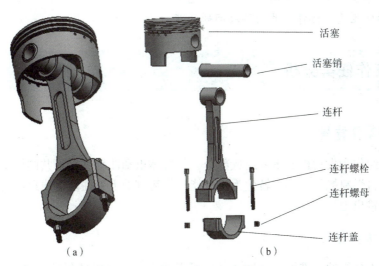

图 3-1　活塞连杆组三维模型
（a）装配图；（b）爆炸图

3.2 学习目标

能力目标

（1）能够确定绘图顺序；
（2）能够运用草图命令绘制给定的二维图纸；
（3）能够利用拉伸、旋转、镜像等命令建立三维模型；
（4）能够正确装配三维模型。

知识目标

（1）掌握拉伸命令对话框中的参数含义；
（2）掌握通过草绘截面拉伸实体的方法；
（3）掌握通过旋转截面生成实体的方法；
（4）掌握镜像体和阵列体的操作方法；
（5）掌握布尔运算的操作方法；
（6）掌握添加组件的方法；
（7）掌握装配约束的应用方法。

素质目标

（1）培养学生善于观察、思考的习惯；
（2）培养学生动手操作的能力；
（3）培养学生严谨、认真的绘图意识和态度；
（4）培养学生团队协作、共同解决问题的能力。

3.3 工作任务分析

3.3.1 零件背景

活塞连杆组作为发动机的重要组成部分，与机体组和曲轴飞轮组共同构成发动机的曲柄连杆机构。它将燃料燃烧的热能转化为机械能，将活塞的上下往复直线运动转变为曲轴的旋转运动，对外输出力矩。

3.3.2 结构分析

分析活塞连杆组的三维模型（图 3-1）可以看出，整个组件包括活塞、活塞销、连杆、连杆盖、连杆螺栓和连杆螺母六个主要部分。其中，活塞和连杆通过活塞销连接在一起，连杆和连杆盖通过连杆螺栓连接在一起。建模时可以对六个部分分别进行建模，然后按照具体的安装要求进行装配。

3.4 工作任务实施

3.4.1 创建活塞

启动 UG NX 12.0，选择【文件】→【新建】菜单命令，打开【新建】对话框，新建一个 NX 模型文件，名称为 Piston.prt，操作如图 3-2 所示。

3-1 新建模型文件—设置草图环境

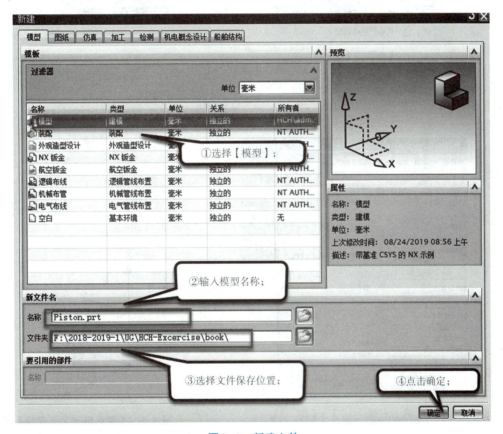

图 3-2 新建文件

（1）在【直接草图】工具条中添加命令按钮。在 UG NX 12.0 工作界面底部的【直接草图】工具条中单击【添加或移除按钮】 添加或移除按钮▼ 中的下拉箭头▼，然后按照图 3-3 所示的步骤开始操作，将【定向视图到草图】按钮 、【重新附着草图】按钮 和【连续自动标注尺寸】按钮 添加到【直接草图】工具条中。

（2）在绘图区显示基准坐标系。在 UG NX 12.0 工作界面左侧的部件导航器中进行如图 3-4 所示的操作，将基准坐标系显示在绘图区中。这样，在绘图区域中显示基准坐标系，如图 3-5 所示，否则基准坐标系处于隐藏状态，不可见。

067

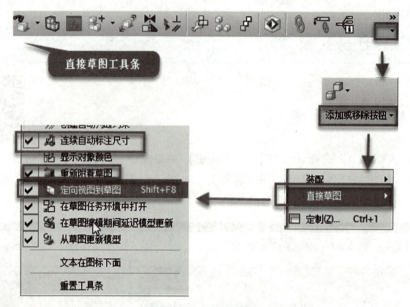

图 3-3 添加命令按钮

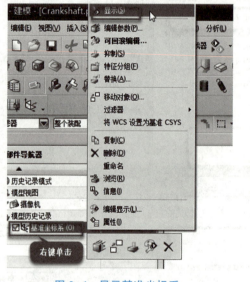

图 3-4 显示基准坐标系

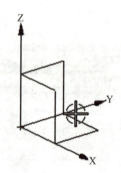

图 3-5 绘图区域显示基准坐标系

（3）选择草图平面，进入草图环境。在 UG NX 12.0 工作界面下方的【直接草图】工具条中单击【草图】按钮，或选择【插入】→【草图】菜单命令，此时系统将弹出【创建草图】对话框。按照如图 3-6 所示的步骤，选择 XY 平面作为草图平面，进入草图环境。

（4）在【直接草图】工具条中单击【圆形】按钮○，然后按照如图 3-7 所示的步骤绘制圆形草图，圆心位于坐标原点，直径为 $\phi 65$ mm。

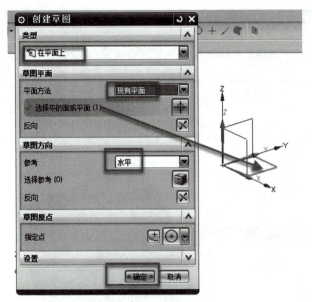

3-2 创建活塞基体

图 3-6 指定草图平面

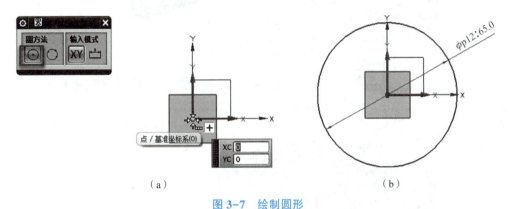

图 3-7 绘制圆形

（a）选择坐标原点为圆心；（b）输入直径 [65]（默认单位为 mm）

在【直接草图】工具条中单击【完成草图】按钮 ，完成活塞轮廓的绘制工作。在【特征】工具条中单击【拉伸】按钮，如图 3-8 所示。

图 3-8 拉伸按钮

在弹出的【拉伸】对话框中，如图 3-9 所示，依次操作：【选择曲线（1）】为草图中绘制的 φ65 mm 的圆形；设置【指定矢量】也就是拉伸方向为沿着 ZC 轴方向；设置【限制】中的开始距离为 0 mm、结束距离为 50 mm。单击【确定】按钮，完成草图拉伸建模，建立的实体模型如图 3-10 所示。

图 3-9 拉伸参数设置

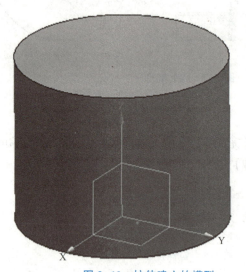

图 3-10 拉伸建立的模型

3-3 创建活塞裙部

在【直接草图】工具条中单击【草图】按钮，或选择【插入】→【草图】菜单命令，此时系统将弹出【创建草图】对话框。按照如图 3-11 所示的步骤，选择 XY 平面作为草图平面，进入草图环境。

图 3-11 以 XOY 平面为草图平面绘制草图

在【直接草图】工具条中单击【圆形】按钮◯，绘制圆心位于坐标原点、直径为 ϕ61 mm 的圆形，如图 3-12 所示。

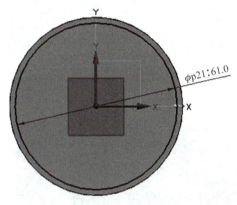

图 3-12 绘制草图

在【直接草图】工具条中单击【完成草图】按钮 完成草图，完成草图绘制工作。

在【特征】工具条中单击【拉伸】按钮，在弹出的【拉伸】对话框中，如图 3-13 所示，依次操作：【选择曲线（1）】为草图中绘制的 ϕ61 mm 的圆形；设置【指定矢量】也就是拉伸方向为沿着 ZC 轴方向；设置【限制】中的开始距离为 14 mm、结束距离为 55 mm；【布尔】运算为【求差】。单击【确定】按钮，完成草图拉伸建模，建立的模型如图 3-14 所示。

如图 3-15 所示，在菜单栏中单击【插入】→【基准/点】→【基准平面】按钮，按照如图 3-16 所示设置平面参数：【类型】为【按某一距离】；【平面参考】选择 YZ 平面，偏置距离为 32.5 mm，方向为沿着 X 轴正向，建立与毛坯圆柱相切的一个法向平面，如图 3-17 所示。

图 3-13 拉伸草图

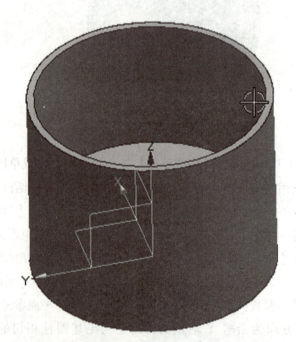

图 3-14 拉伸建立的模型

项目三 活塞连杆组的建模

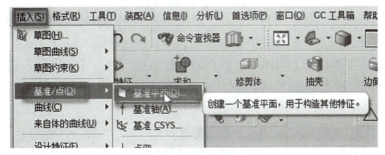

图 3-15 插入【基准平面】

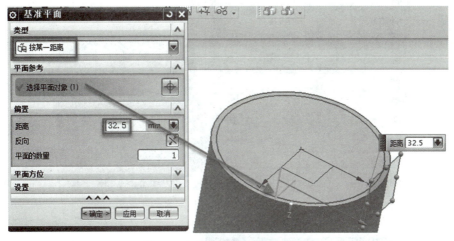

图 3-16 基准平面位置参数设置

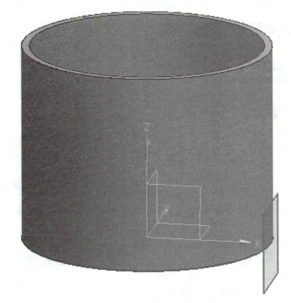

图 3-17 建立的法向切面

3-4 创建活塞环槽部特征

在【直接草图】工具条中单击【草图】按钮，或选择【插入】→【草图】菜单命令，此时系统将弹出【创建草图】对话框。按照如图3-18所示的步骤，选择ZX平面作为草图平面。在【草图原点】的设置中单击【点】对话框按钮，打开【点】对话框，按照如图3-19所示的步骤选择上面圆形的圆心为坐标原点，单击【确定】按钮进入草图绘制环境。绘制如图3-20所示的草图，单击【完成草图】按钮完成操作，并退出草图绘制环境。

图3-18　设置草图平面

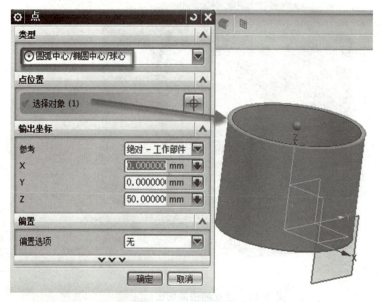

图3-19　设置坐标原点

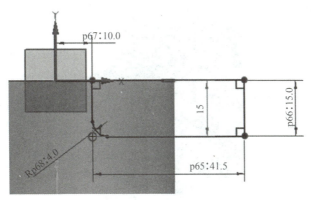

图 3-20 绘制草图

在【特征】工具条中单击【拉伸】按钮，在弹出的【拉伸】对话框中，如图 3-21 所示，依次操作：【选择曲线（5）】为图 3-20 绘制的草图；设置【指定矢量】也就是拉伸方向为沿着 YC 轴方向；在【限制】的【结束】中选择【对称值】，【距离】为 90 mm（含义是以 ZX 平面为对称平面，沿着 YC 轴方向左右各拉伸 90 mm）；【布尔】运算选择【求差】，【选择体（1）】为图 3-14 建立的拉伸几何实体。单击【确定】按钮，完成草图拉伸建模，建立的模型如图 3-22 所示。

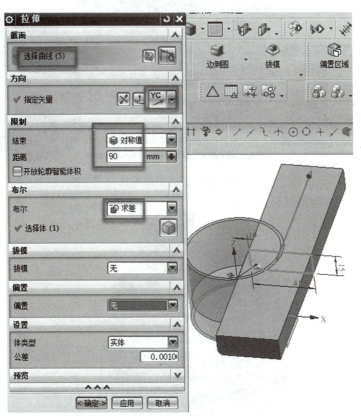

图 3-21 拉伸参数设置

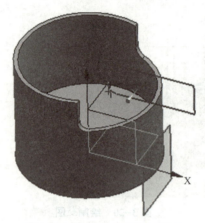

图 3-22 拉伸建立的几何模型

在【特征】工具条中单击【镜像特征】按钮，弹出【镜像特征】对话框，如图 3-23 所示，【选择特征（1）】为上一步建立的拉伸特征（从【模型历史记录】导航器中选择），【选择平面（1）】为 ZY 平面，单击【确定】按钮完成镜像特征的创建，如图 3-24 所示。

图 3-23 镜像参数设置

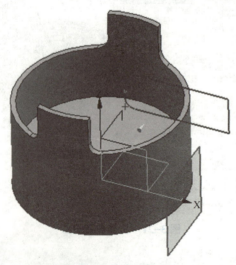

图 3-24 镜像特征建立

在菜单栏中单击【插入】→【基准】→【基准平面】按钮,然后按照如图 3-25 所示进行参数设置:其中【类型】选择【按某一距离】;【平面参考】选择的参考平面为模型的下端面;【偏置】中设置【距离】为 2 mm,方向设置中单击【反向】按钮。单击【确定】按钮完成基准平面的创建。这样就创建了在模型下端面上方且距离模型的下端面为 2 mm 的基准平面,如图 3-26 所示。

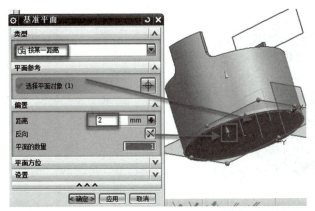
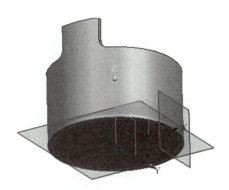

图 3-25 基准平面参数设置　　　　　　　　图 3-26 创建的基准平面

在【直接草图】工具条中单击【草图】按钮,或选择【插入】→【草图】菜单命令,此时系统将弹出【创建草图】对话框。按照如图 3-27 所示的步骤选择图 3-26 所示基准平面作为草图平面。

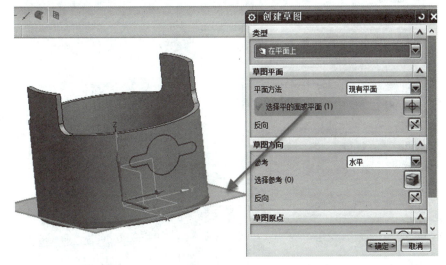

图 3-27 选择草图平面为上一步建立的基准平面

绘制如图 3-28 所示的直径分别为 φ78.2 mm 和 φ59 mm 的两个同心圆,单击【完成草图】按钮退出草图绘制环境。

在【特征】工具条中单击【拉伸】按钮，在弹出的【拉伸】对话框中，如图3-29所示，依次操作：【选择曲线（2）】为图3-28绘制的草图；设置【指定矢量】也就是拉伸方向为沿着 ZC 轴方向；设置【限制】中的开始距离为 0 mm、结束距离为 2 mm；【布尔】运算选择【求差】，【选择体（1）】为默认的几何实体。单击【确定】按钮完成草图拉伸建模。隐藏草图和基准平面，建立的模型如图3-30所示。

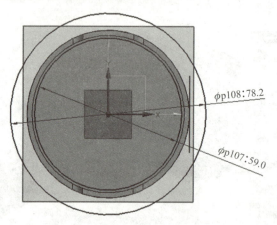

图3-28　绘制的草图

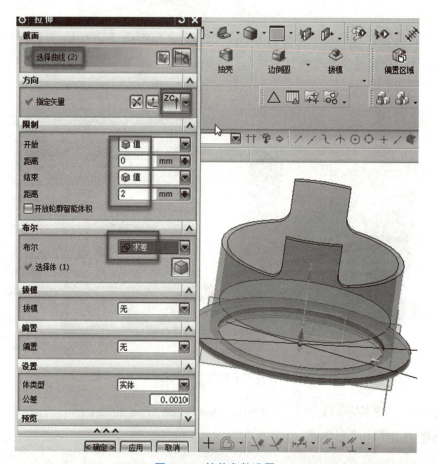

图3-29　拉伸参数设置

项目三
活塞连杆组的建模

图3-30 拉伸求差建立的模型

在【特征】工具条中单击【阵列特征】按钮 ，按照如图3-31所示进行参数设置：【选择特征（1）】在【模型历史记录】窗口选择上一步建立的【拉伸】特征；【指定点】为默认的点；【阵列定义】选择【线性】，【指定矢量】为沿着ZC轴方向，【数量】为2，【节距】为4 mm。单击【确定】按钮完成线性阵列操作，建立的模型如图3-32所示。

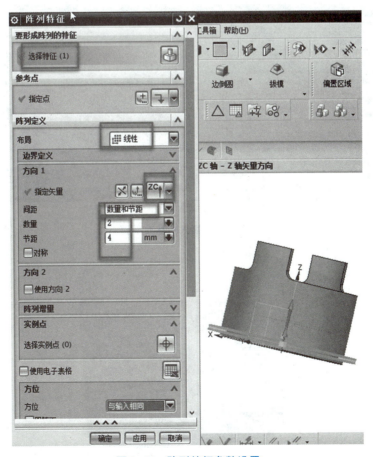

图3-31 阵列特征参数设置

079

图 3-32 阵列操作后的模型

在菜单栏中单击【插入】→【基准】→【基准平面】按钮,然后按照如图 3-33 所示进行参数设置:其中【类型】选择【按某一距离】;【平面参考】选择的参考平面为上面一个凹槽的下端面;【偏置】中设置【距离】为 2 mm,方向设置中单击【反向】按钮。单击【确定】按钮完成基准平面的创建,创建的基准平面如图 3-34 所示。

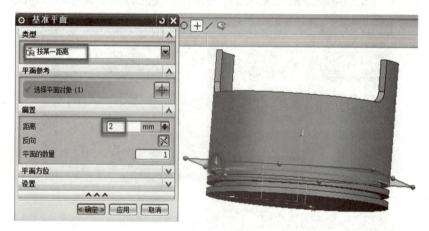

图 3-33 插入的基准平面

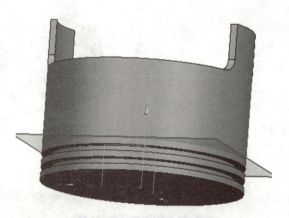

图 3-34 创建的基准平面

在【直接草图】工具条中单击【草图】按钮,或选择【插入】→【草图】菜单命令,此时系统将弹出【创建草图】对话框。按照如图 3-35 所示的步骤选择图 3-34 所示基准平面作为草图平面。

图 3-35 选择草图平面为上一步建立的基准平面

绘制如图 3-36 所示的直径分别为 ϕ74.3 mm 和 ϕ59 mm 的两个同心圆,单击【完成草图】按钮退出草图绘制环境。

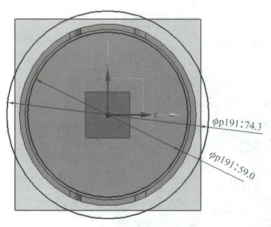

图 3-36 绘制的草图

在【特征】工具条中单击【拉伸】按钮,在弹出的【拉伸】对话框中,如图 3-37 所示,依次操作:【选择曲线 (2)】为图 3-36 绘制的草图;设置【指定矢量】也就是拉伸方向为沿着 ZC 轴方向;设置【限制】中的开始距离为 0 mm、结束距离为 3 mm;【布尔】运算为【求差】,【选择体 (1)】为默认的几何实体。单击【确定】按钮完成草图拉伸建模。隐藏草图和基准平面,建立的模型如图 3-38 所示。

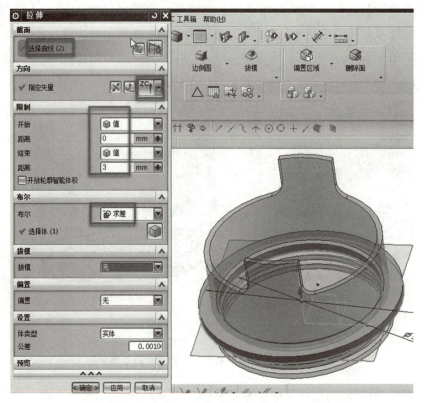

图 3-37 拉伸参数设置

图 3-38 拉伸求差建立的模型

3-5 创建润滑油孔

在菜单栏中单击【插入】→【基准】→【基准平面】按钮，然后按照如图 3-39 所示进行参数设置：其中【类型】选择【按某一距离】；【平面参考】选择参考平面 XZ 平面；【偏置】中设置【距离】为 32.5 mm，方向为默认的沿着 Y 轴正向。单击【确定】按钮完成基准平面的创建。

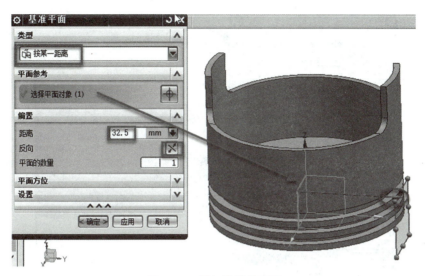

图 3-39 插入的基准平面

在【直接草图】工具条中单击【草图】按钮,或选择【插入】→【草图】菜单命令,此时系统将弹出【创建草图】对话框。按照如图 3-40 所示的步骤,选择图 3-39 所示基准平面作为草图平面。

图 3-40 选择草图平面为上一步建立的基准平面

在【创建草图】对话框中,依次操作:【草图方向】选择【水平】;【草图原点】的设置需要单击【点】对话框按钮,打开【点】对话框,按图 3-41 所示进行参数设置,【类型】为【两点之间】,【指定点 1】为图 3-41 中所示凹槽的上边线圆形的圆心,【指定点 2】为图 3-41 中所示凹槽的下边线圆形的圆心,【位置百分比】输入【50】(含义是将点设置在上下圆心的中间位置),其余默认。单击【确定】按钮回到【创建草图】对话框,单击【确定】按钮完成草图创建。

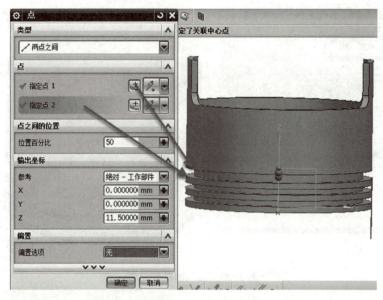

图 3-41 【点】对话框参数设置

以坐标原点为中心,绘制直径为 φ1 mm 的圆形,如图 3-42 所示,单击【完成草图】按钮,退出草图环境。

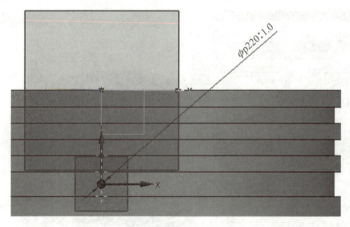

图 3-42 绘制的草图

在【特征】工具条中单击【拉伸】按钮，在弹出的【拉伸】对话框中,如图 3-43 所示,依次操作:【选择曲线 (1)】为图 3-42 绘制的草图;设置【指定矢量】也就是拉伸方向为沿着 YC 轴方向;在【限制】的【结束】中选择【对称值】,【距离】输入 200 mm;【布尔】运算为【求差】,【选择体 (1)】为默认的几何实体。单击【确定】按钮,完成草图拉伸建模,建立的模型如图 3-44 所示。

在【特征】工具条中单击【阵列特征】按钮，按照如图 3-45 所示进行参数设置:【选择特征 (1)】在【模型历史记录】窗口选择上一步建立的【拉伸】特征;【指定点】为默认的点;【阵列定义】选择【圆形】;【指定矢量】为沿着 ZC 轴方向。【指定点】需要打开【点】对话框按钮，在弹出的【点】对话框中,如图 3-46 所示,【类型】选择【圆弧中

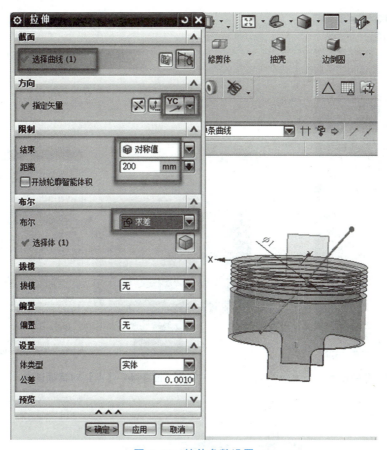

图 3-43 拉伸参数设置

图 3-44 拉伸求差建立的通孔

心】,【点位置】选择图 3-46 中所示圆形边线的圆心,单击【确定】按钮回到【阵列特征】对话框。在【阵列特征】对话框中,【数量】输入 3,【节距角】为 15°。单击【确定】按钮,完成圆形阵列操作,建立的模型如图 3-47 所示。

图 3-45 阵列参数设置

图 3-46 【点】对话框设置

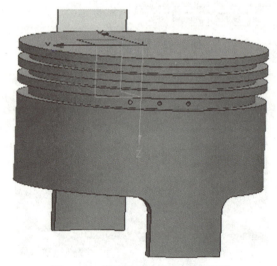

图 3-47 圆形阵列一次建立的模型

　　重复上述步骤进行圆形阵列，注意，此次【指定矢量】为沿着-ZC 轴方向，建立的模型如图 3-48 所示。

　　在【直接草图】工具条中单击【草图】按钮，或选择【插入】→【草图】菜单命令，此时系统将弹出【创建草图】对话框。选择如图 3-39 所示基准平面作为草图平面，进入草图绘制界面，绘制如图 3-49 所示的草图。

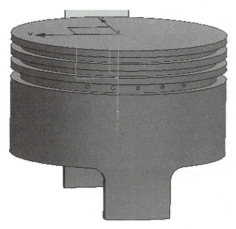

图 3-48 圆形阵列两次产生的模型

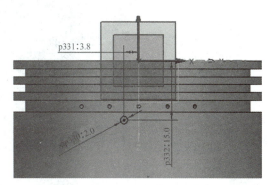

图 3-49 绘制的草图

在【特征】工具条中单击【拉伸】按钮，在弹出的【拉伸】对话框中，如图 3-50 所示，依次操作：【选择曲线（1）】为图 3-49 绘制的草图；设置【指定矢量】也就是拉伸方向为沿着 YC 轴方向；设置【限制】中的开始距离为 -20 mm，结束距离为 100 mm；【布尔】运算为【求差】，【选择体（1）】为默认的几何实体。单击【确定】按钮完成草图拉伸建模，建立的模型如图 3-51 所示。

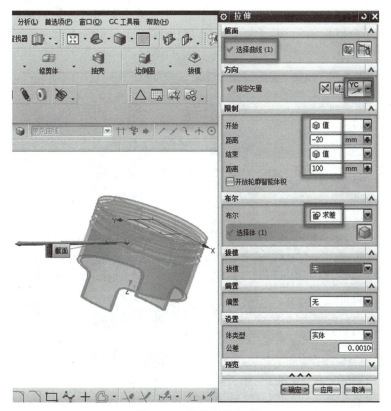

图 3-50 拉伸参数设置

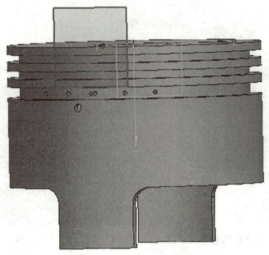

图 3-51 拉伸建立的模型

在【特征】工具条中单击【阵列特征】按钮,按照如图 3-52 所示进行参数设置:【选择特征 (1)】在【模型历史记录】窗口选择上一步建立的【拉伸】特征;【指定点】为默认的点;【阵列定义】选择【圆形】,【指定矢量】为沿着 ZC 轴方向。【指定点】需要打开【点】对话框按钮,在弹出的【点】对话框中,【类型】选择【圆弧中心】,【点位置】选择图中所示圆形边线的圆心,单击【确定】按钮回到【阵列特征】对话框。在【阵列特征】对话框中,【数量】输入 2,【节距角】为 15°。单击【确定】按钮,完成圆形阵列操作,建立的模型如图 3-53 所示。

图 3-52 阵列特征参数设置

项目三
活塞连杆组的建模

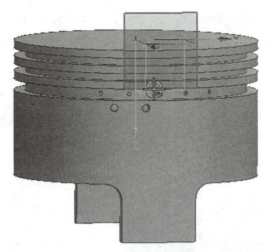

图 3-53　阵列建立的模型

在【模型历史记录】窗口选择前面两步操作即【拉伸】和【阵列圆形】操作，然后在【特征】工具条中单击【镜像特征】按钮，弹出【镜像特征】对话框，如图 3-54 所示，【选择平面（1）】为 YZ 平面。单击【确定】按钮完成镜像特征的创建，如图 3-55 所示。

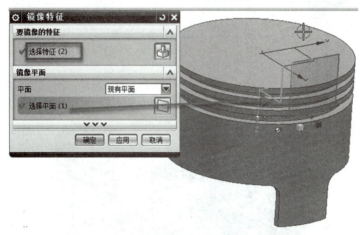

图 3-54　镜像特征参数设置

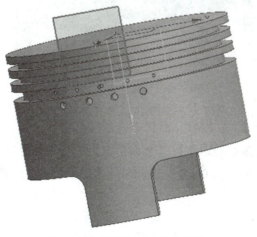

图 3-55　镜像特征建立的模型

在【模型历史记录】窗口选择前面三步操作,即【拉伸】、【阵列圆形】和【镜像】特征,然后在【特征】工具条中单击【镜像特征】按钮,弹出【镜像特征】对话框,如图3-56所示,【选择平面(1)】为 XZ 平面。单击【确定】按钮完成镜像特征的创建,如图3-57所示。

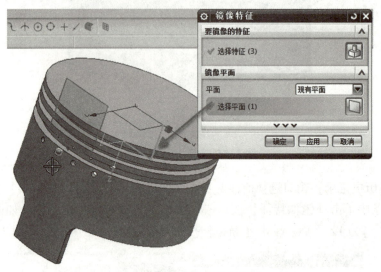

图 3-56 镜像特征参数设置

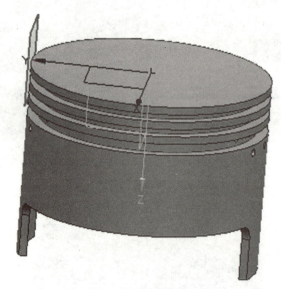

图 3-57 镜像特征建立的模型

在菜单栏单击【插入】→【基准/点】→【基准平面】按钮,按照如图3-58所示设置平面参数:【类型】为【按某一距离】;【平面参考】中【选择平面对象(1)】为模型内侧圆形平面;【偏置】中【距离】为 0 mm;其余选项均采用默认值。单击【确定】按钮,建立的平面如图3-59所示。

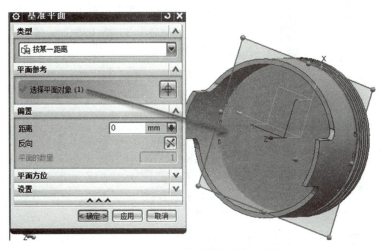

图 3-58 插入基准平面参数设置

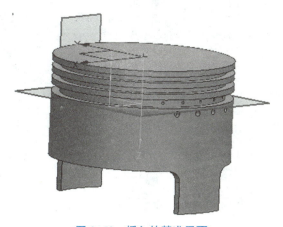

图 3-59 插入的基准平面

在【直接草图】工具条中单击【草图】按钮，或选择【插入】→【草图】菜单命令，此时系统将弹出【创建草图】对话框。选择如图 3-59 所示基准平面作为草图平面，进入草图绘制界面，绘制如图 3-60 所示的草图，单击【完成草图】按钮退出草图绘制。

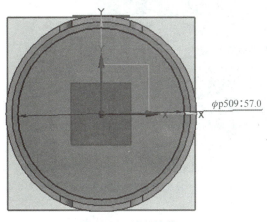

图 3-60 绘制的草图

在【特征】工具条单击【拉伸】按钮，在弹出的【拉伸】对话框中，如图 3-61 所示，依次操作【选择曲线（1）】为图 3-60 绘制的草图；设置【指定矢量】也就是拉伸方向为沿着-ZC 轴方向；设置【限制】中的开始距离为 0 mm、结束距离为 3 mm；【布尔】运算为【求差】，【选择体（1）】为默认的几何实体。单击【确定】按钮完成草图拉伸建模，建立的模型如图 3-62 所示。

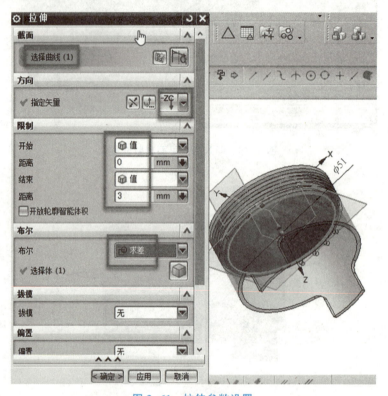

图 3-61 拉伸参数设置

图 3-62 拉伸求差建立的模型

项目三 活塞连杆组的建模

在【直接草图】工具条中单击【草图】按钮，或选择【插入】→【草图】菜单命令，此时系统将弹出【创建草图】对话框。按照如图 3-63 所示的步骤，选择图 3-17 建立的法向切面作为草图平面。在【草图原点】的设置中单击【点】对话框按钮，打开【点】对话框，按照如图 3-64 所示的步骤输入坐标位置，【X】为 32.5 mm，【Y】为 0 mm，【Z】为 24.1 mm。单击【确定】按钮进入草图绘制环境，绘制如图 3-65 所示的草图，单击【完成草图】按钮，退出草图绘制环境。

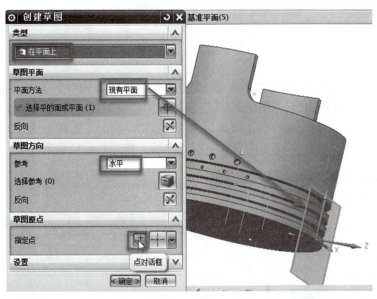

图 3-63 草图平面选择

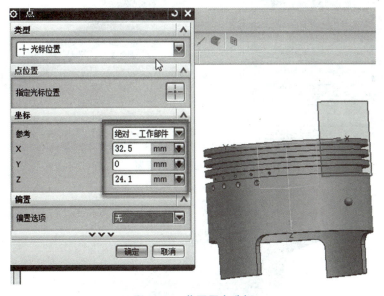

图 3-64 草图原点选择

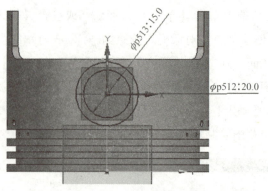

图 3-65 绘制的草图

在【特征】工具条中单击【拉伸】按钮,在弹出的【拉伸】对话框中,如图 3-66 所示,依次操作:【选择曲线】为图 3-65 绘制的草图;设置【指定矢量】也就是拉伸方向为沿着 XC 轴方向;在【限制】中【结束】选择【对称值】,【距离】为 120 mm;【布尔】运算为【无】。单击【确定】按钮完成草图拉伸建模,建立的模型如图 3-67 所示。

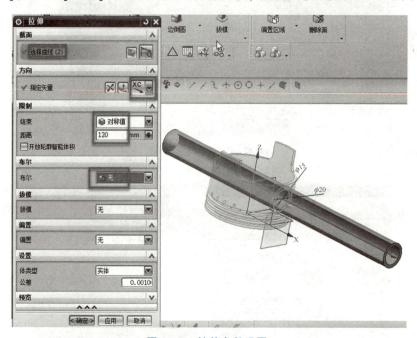

图 3-66 拉伸参数设置

图 3-67 拉伸建立的模型

在菜单栏中依次单击【插入】→【修剪】→【修剪体】按钮,如图 3-68 所示。

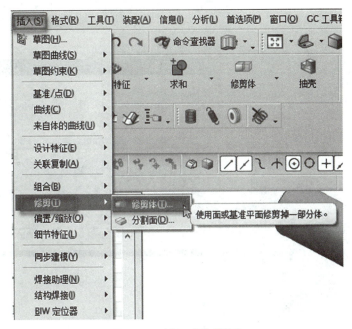

图 3-68　插入【修剪体】

在弹出的【修剪体】对话框中,【目标】中的【选择体(1)】为图 3-67 建立的拉伸实体,如图 3-69 所示。

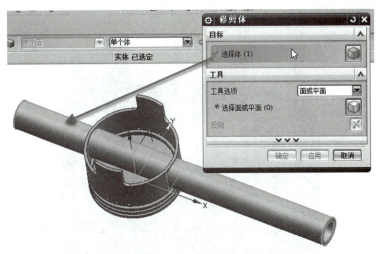

图 3-69　【目标】中【选择体(1)】的确定

在【修剪体】对话框中,【工具】中的【工具选项】选择【面或平面】,在【类型过滤器】中选择【单个面】,然后选择模型的外圆柱面,如图 3-70 所示。

建立的模型如图 3-71 所示。

重复上述步骤,如图 3-72 所示进行【修剪体】操作,【目标】中的【选择体(1)】为上一步建立的模型,【工具】选择如图 3-69 所示拉伸建立的圆环体的内表面。建立的模型如图 3-73 所示。

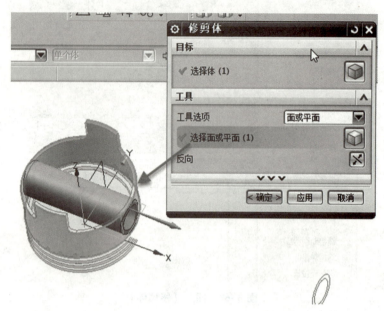

图 3-70 【工具选项】中选择面

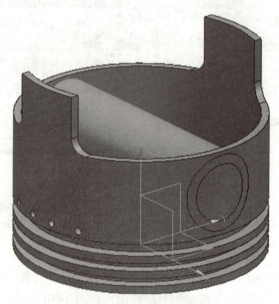

图 3-71 修剪建立的模型

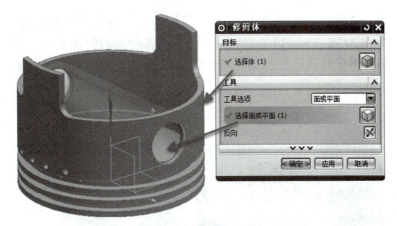

图 3-72 修剪体参数设置

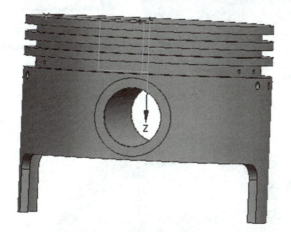

图 3-73 修剪体建立的模型

在【角色】菜单中选择【具有完整菜单的高级功能】选项，如图 3-74 所示。

图 3-74 菜单设置

在菜单栏中,依次单击【插入】→【修剪】→【拆分体】按钮,弹出【拆分体】对话框,如图3-75所示,【选择体(1)】为活塞中间的拉伸实体,【选择面或平面(1)】为YZ平面,单击【确定】按钮将拉伸体从中间对称面分成两个个体,建立的模型如图3-76所示。

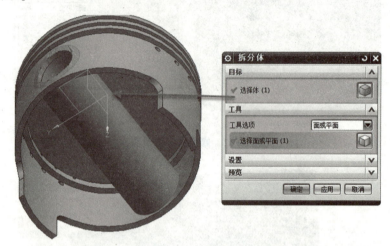

图3-75 拆分体设置

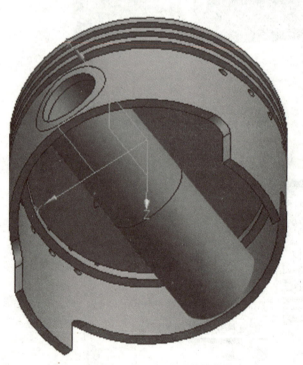

3-6 创建活塞销孔

图3-76 拆分后的拉伸体

在菜单栏中单击【插入】→【基准/点】→【基准平面】按钮,按照如图3-77所示设置平面参数:【类型】为【按某一距离】;【平面参考】中【选择平面对象(1)】为YZ平面;【偏置】中【距离】输入20 mm;其余选项均采用默认值。单击【确定】按钮插入第一个基准平面。

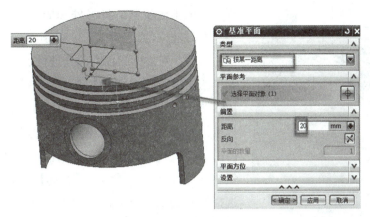

图3-77 插入第一个基准平面

重复上述步骤，插入第二个基准平面，所有参数都相同，只是方向选择反向，如图3-78所示。

图3-78 插入第二个基准平面

单击【特征】工具条的【修剪体】按钮，弹出【修剪体】对话框，如图3-79所示，【目标】中的【选择体（1）】为如图3-79所示的一段拉伸体，【工具】选择的面或平面为如图3-79所示的基准平面。

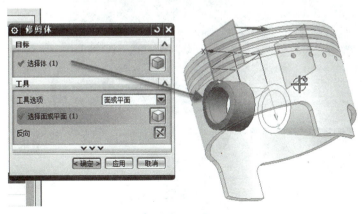

图3-79 修剪体

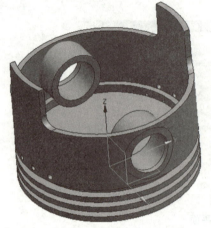

图 3-80 建立的模型

重复上述步骤,将另外一面的一段拉伸体进行修剪,最后建立的模型如图 3-80 所示。

最后,对模型的各个部分进行求和操作,完成活塞实体的建模。在【特征】工具条中单击【求和】按钮,弹出【求和】对话框,如图 3-81 所示,【目标】体选择如图 3-81 所示活塞的主体部分,【工具】中的【选择体(1)】选择中间的圆环体部分,单击【应用】按钮。然后如图 3-82 所示,【目标】中的【选择体(1)】选择如图 3-82 所示活塞的主体部分,【工具】中的【选择体(0)】选择中间的另外一段圆环体部分,单击【确定】按钮,完成求和操作。

3-7 活塞模型的三维展示

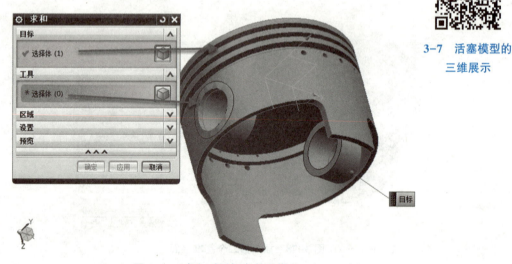

图 3-81 求和对话框参数设置(一)

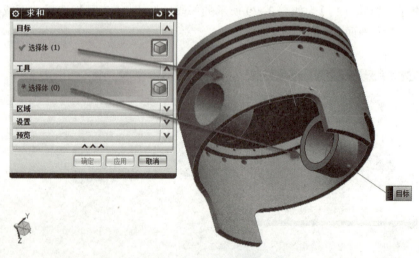

图 3-82 求和对话框参数设置(二)

最终建立的活塞模型如图 3-83 所示。

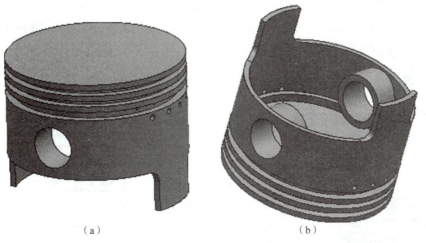

（a）　　　　　　　　　　　（b）

图 3-83　最终建立的活塞模型

（a）侧面；（b）底面

3.4.2　创建活塞销

3-8　新建模型文件—设置草图环境

启动 UG NX 12.0，选择【文件】→【新建】菜单命令，打开【新建】对话框，新建一个 NX 模型文件，名称为 Piston_pin.prt，操作如图 3-84 所示。

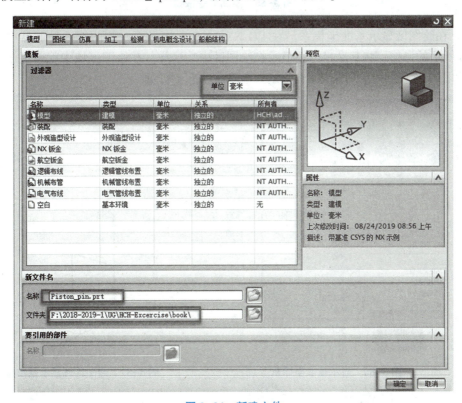

图 3-84　新建文件

(1) 在【直接草图】工具条中添加命令按钮。在 UG NX 12.0 工作界面底部的【直接草图】工具条中单击【添加或移除按钮】添加或移除按钮▼中的下拉箭头▼，然后按照如图 3-85 所示的步骤开始操作，将【定向视图到草图】按钮、【重新附着草图】按钮和【连续自动标注尺寸】按钮添加到【直接草图】工具条中。

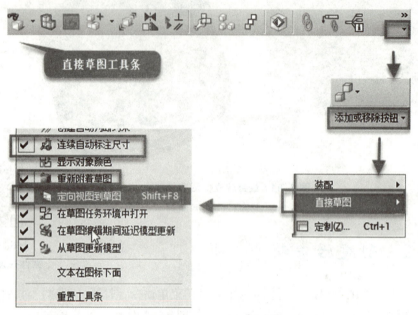

图 3-85　添加命令按钮

(2) 在绘图区显示基准坐标系。在 UG NX 12.0 工作界面左侧的部件导航器中进行如图 3-86 所示的操作，将基准坐标系显示在绘图区中。这样，在绘图区域中就会显示基准坐标系，如图 3-87 所示，否则基准坐标系处于隐藏状态不可见。

图 3-86　显示基准坐标系

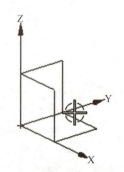

图 3-87　绘图区域显示基准坐标系

(3) 选择草图平面，进入草图环境。在 UG NX 12.0 工作界面下方的【直接草图】工具条中单击【草图】按钮，或选择【插入】→【草图】菜单命令，此时系统将弹出【创建草图】对话框。按照如图 3-88 所示的步骤，选择 XY 平面作为草图平面，进入草图环境。

图 3-88　指定草图平面

(4) 在【直接草图】工具条中单击【圆形】按钮，然后按照如图 3-89 所示的步骤绘制同心圆草图，圆心位于坐标原点，直径分别为 φ10.9 mm 和 φ14.6 mm。

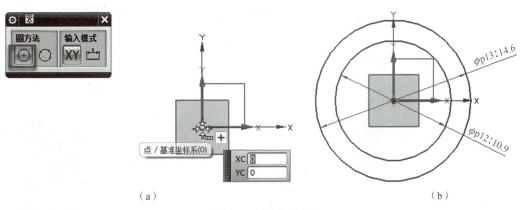

(a)　　　　　　　　　　　　　　(b)

图 3-89　绘制圆形

(a) 选择坐标原点为圆心；(b) 输入直径（默认单位为 mm）

在【直接草图】工具条中单击【完成草图】按钮，完成草图绘制工作。
在【特征】工具条中单击【拉伸】按钮，如图 3-90 所示。

图 3-90　【拉伸】按钮

3-9　创建活塞销基体

在弹出的【拉伸】对话框中,如图 3-91 所示,依次操作:【选择曲线(2)】为图 3-89 绘制的两个同心圆;设置【指定矢量】也就是拉伸方向为沿着 ZC 轴方向;设置【限制】中的开始距离为 0 mm、结束距离为 65 mm。单击【确定】按钮,完成草图拉伸建模,建立的实体模型如图 3-92 所示。

图 3-91　拉伸参数设置

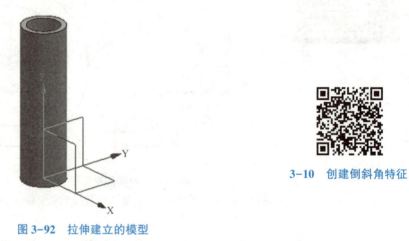

图 3-92　拉伸建立的模型

3-10　创建倒斜角特征

在【特征】工具条中单击【倒斜角】按钮，弹出【倒斜角】对话框,如图 3-93 所示进行设置:选择边为活塞销的一端的外棱线;【偏置】中【横截面】选择【偏置和角度】,【距离】为 1 mm,【角度】为 45°。单击【应用】按钮。同理对另一端的棱线进行倒斜角处理,参数相同,最终建立的活塞销模型如图 3-94 所示。

104

项目三
活塞连杆组的建模

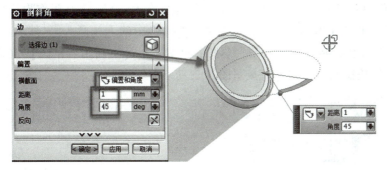

图 3-93 倒斜角参数设置

图 3-94 建立的活塞销模型

3-11 活塞销的三维展示

3-12 新建模型文件—设置草图环境

3.4.3 创建连杆

启动 UG NX 12.0，选择【文件】→【新建】菜单命令，打开【新建】对话框，新建一个 NX 模型文件，名称为 Con_Rod.prt，操作如图 3-95 所示。

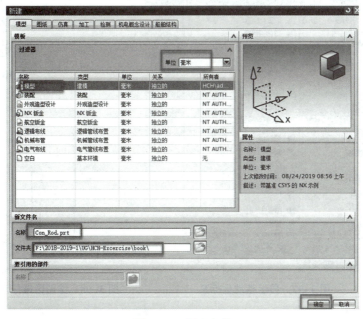

图 3-95 新建文件

105

(1) 在【直接草图】工具条中添加命令按钮。在 UG NX 12.0 工作界面底部的【直接草图】工具条中单击【添加或移除按钮】 添加或移除按钮▼ 中的下拉箭头▼，然后按照如图 3-96 所示的步骤开始操作，将【定向视图到草图】按钮、【重新附着草图】按钮和【连续自动标注尺寸】按钮添加到【直接草图】工具条中。

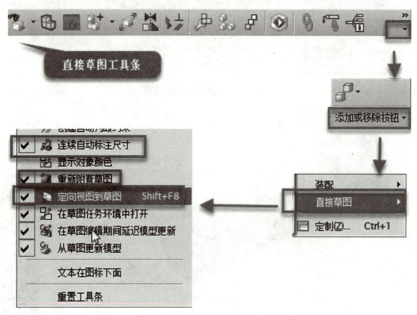

图 3-96　添加命令按钮

(2) 在绘图区显示基准坐标系。在 UG NX 12.0 工作界面左侧的部件导航器中进行如图 3-97 所示的操作，将基准坐标系显示在绘图区中。这样，在绘图区域中就会显示基准坐标系，如图 3-98 所示，否则基准坐标系处于隐藏状态不可见。

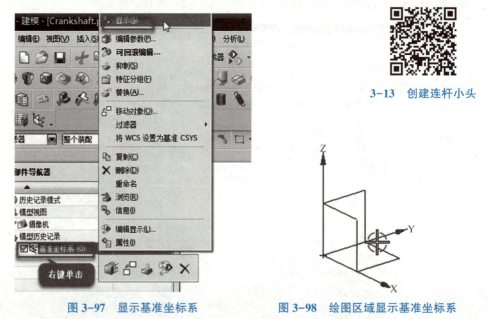

3-13　创建连杆小头

图 3-97　显示基准坐标系　　　　图 3-98　绘图区域显示基准坐标系

（3）选择草图平面，进入草图环境。在 UG NX 12.0 工作界面下方的【直接草图】工具条中单击【草图】按钮，或选择【插入】→【草图】菜单命令，此时系统将弹出【创建草图】对话框。选择 XY 平面作为草图平面，进入草图环境，绘制如图 3-99 所示的草图。

在【特征】工具条中单击【拉伸】按钮，在弹出的【拉伸】对话框中，如图 3-100 所示，依次操作：【选择曲线（2）】为图 3-99 绘制的两个同心圆；设置【指定矢量】也就是拉伸方向为沿着 ZC 轴方向；设置【限制】中【结束】为【对称值】，【距离】为 11 mm。单击【确定】按钮，完成草图拉伸建模。

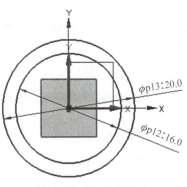

图 3-99 绘制的草图

图 3-100 拉伸参数设置

3-14 绘制连杆轮廓曲线

在【直接草图】工具条中单击【草图】按钮，或选择【插入】→【草图】菜单命令，此时系统将弹出【创建草图】对话框。选择 XY 平面作为草图平面，进入草图环境，绘制如图 3-101 所示的草图。

3-15 创建连杆杆身

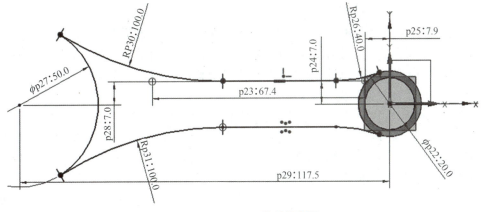

图 3-101 绘制的草图

在【特征】工具条中单击【拉伸】按钮，在弹出的【拉伸】对话框中，如图 3-102 所示，依次操作：【选择曲线（8）】为图 3-101 绘制的草图；设置【指定矢量】也就是拉伸方向为沿着 ZC 轴方向；设置【限制】中【结束】为【对称值】，【距离】输入 4.5 mm。单击【确定】按钮，完成草图拉伸建模。

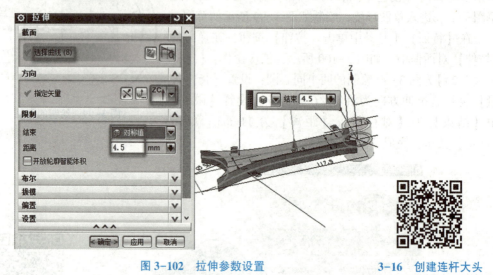

图 3-102　拉伸参数设置　　　　　　3-16　创建连杆大头

在【直接草图】工具条中单击【草图】按钮，或选择【插入】→【草图】菜单命令，此时系统将弹出【创建草图】对话框。选择 XY 平面作为草图平面，进入草图环境，绘制如图 3-103 所示的草图。

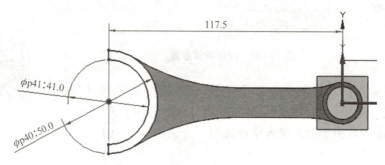

图 3-103　绘制的草图

在【特征】工具条中单击【拉伸】按钮，在弹出的【拉伸】对话框中，如图 3-104 所示，依次操作：【选择曲线（4）】为图 3-103 绘制的草图；设置【指定矢量】也就是拉伸方向为沿着 ZC 轴方向；设置【限制】中【结束】为【对称值】，【距离】输入 11 mm。单击【确定】按钮，完成草图拉伸建模。

在菜单栏单击【插入】→【基准/点】→【基准平面】按钮，按照如图 3-105 所示设置平面参数：【类型】为【按某一距离】；【平面参考】中【选择平面对象（1）】为如图 3-105 所示模型的一个端面；【偏置】中【距离】输入 0 mm；其余选项均采用默认值。单击【确定】按钮，插入基准平面。

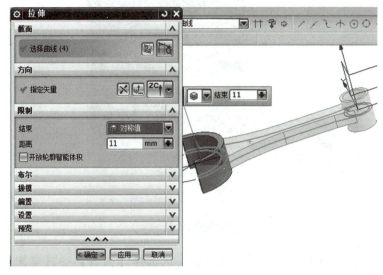

图 3-104 拉伸参数设置

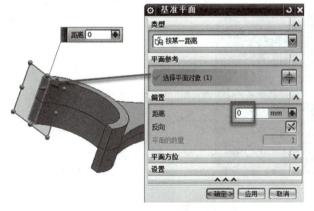

图 3-105 插入基准平面

3-17 创建连杆大头孔特征

在【直接草图】工具条中单击【草图】按钮，或选择【插入】→【草图】菜单命令，此时系统将弹出【创建草图】对话框。选择刚刚建立的基准平面作为草图平面，进入草图环境，绘制如图 3-106 所示的草图。

在【特征】工具条中单击【拉伸】按钮，在弹出的【拉伸】对话框中，如图 3-107 所示，依次操作：【选择曲线（6）】为图 3-106 绘制的草图；设置【指定矢量】也就是拉伸方向为沿着 XC 轴方向；设置【限制】中的开始距离为 0 mm、结束距离为 14 mm。单击【确定】按钮，完成草图拉伸建模。

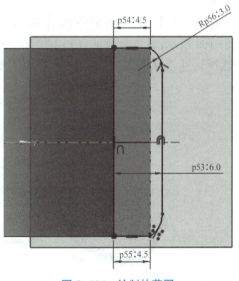

图 3-106 绘制的草图

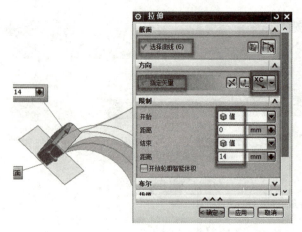

图 3-107 拉伸参数设置

在【直接草图】工具条中单击【草图】按钮,或选择【插入】→【草图】菜单命令,此时系统将弹出【创建草图】对话框。选择刚刚建立的基准平面作为草图平面,进入草图环境,绘制如图 3-108 所示的草图。

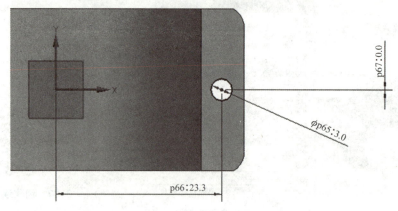

图 3-108 绘制的草图

在【特征】工具条中单击【镜像特征】按钮,弹出【镜像特征】对话框,如图 3-109 所示,【选择特征（1）】为图 3-107 建立的拉伸特征（从【模型历史记录】导航器中选择），【选择平面（1）】为 XZ 平面。单击【确定】按钮,完成镜像特征的创建。

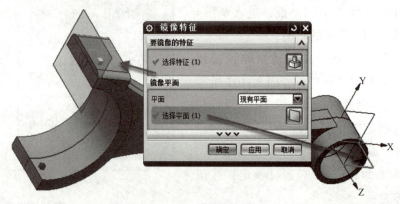

图 3-109 镜像参数设置

项目三
活塞连杆组的建模

在【特征】工具条中单击【镜像特征】按钮,弹出【镜像特征】对话框,如图 3-110 所示,【选择特征(1)】为图 3-108 建立的草图(从【模型历史记录】导航器中选择),【选择平面(1)】为 XZ 平面。单击【确定】按钮,完成镜像特征的创建。

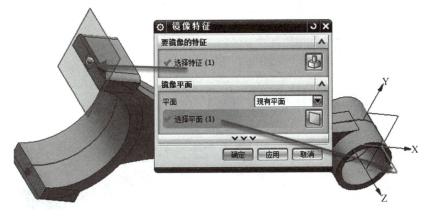

图 3-110 镜像参数设置

在【特征】工具条单击【求和】按钮,弹出【求和】对话框,对模型的各个部分进行求和操作,使建立的所有实体合为一体。

在【特征】工具条中单击【拉伸】按钮,在弹出的【拉伸】对话框中,如图 3-111 所示,依次操作:【选择曲线】为两个直径为 φ5 mm 的圆;设置【指定矢量】也就是拉伸方向为沿着 XC 轴方向;设置【限制】中的开始距离为 0 mm、结束距离为 20 mm;【布尔】运算为【求差】。单击【确定】按钮,完成草图拉伸建模。

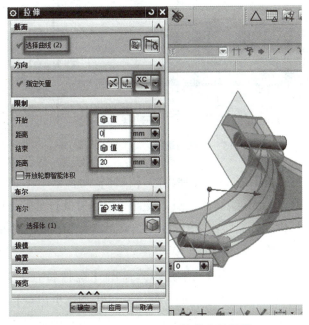

图 3-111 拉伸参数设置

3-18 创建杆身凹槽

在菜单栏单击【插入】→【基准/点】→【基准平面】按钮，按照如图 3-112 所示设置平面参数：【类型】为【按某一距离】；【平面参考】中【选择平面对象（1）】为如图 3-112 所示模型的上端面；【偏置】中【距离】输入 0 mm；其余选项均采用默认值。单击【确定】按钮，插入基准平面。

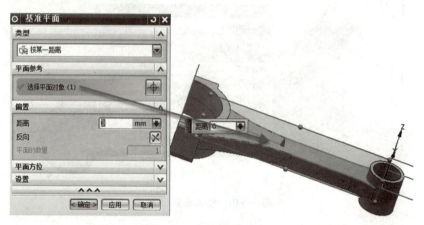

图 3-112 插入的基准平面

在【直接草图】工具条中单击【草图】按钮，或选择【插入】→【草图】菜单命令，此时系统将弹出【创建草图】对话框。选择刚刚建立的基准平面作为草图平面，进入草图环境，绘制如图 3-113 所示的草图。

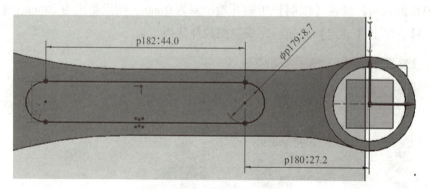

图 3-113 绘制的草图

在【特征】工具条中单击【拉伸】按钮，在弹出的【拉伸】对话框中，如图 3-114 所示，依次操作：【选择曲线】为图 3-113 绘制的草图；设置【指定矢量】也就是拉伸方向为沿着-ZC 轴方向；设置【限制】中的开始距离为 0 mm、结束距离为 2.5 mm；【布尔】运算为【求差】。单击【确定】按钮，完成草图拉伸建模。

在【特征】工具条中单击【镜像特征】按钮，弹出【镜像特征】对话框，如图 3-115 所示，【选择特征（1）】为图 3-114 建立的拉伸（从【模型历史记录】导航器中选择），【选择平面（1）】为 XZ 平面。单击【确定】按钮，完成镜像特征的创建。

最终建立的连杆模型如图 3-116 所示。

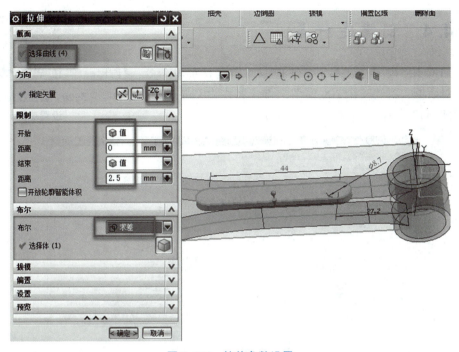

图 3-114 拉伸参数设置

图 3-115 镜像参数设置

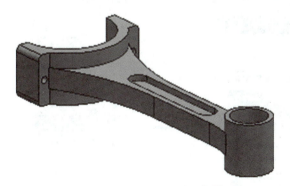

图 3-116 建立的连杆模型

3-19 连杆的三维展示

3.4.4 创建连杆盖

启动 UG NX 12.0，选择【文件】→【新建】菜单命令，打开【新建】对话框，新建一个 NX 模型文件，名称为 Con_rod_cap.prt，操作如图 3-117 所示。

3-20 新建模型文件——设置草图环境

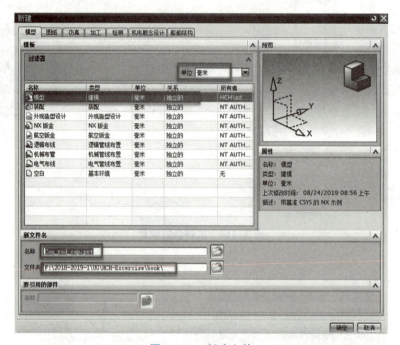

图 3-117 新建文件

（1）在【直接草图】工具条中添加命令按钮。在 UG NX 12.0 工作界面底部的【直接草图】工具条中单击【添加或移除按钮】 添加或移除按钮▼ 中的下拉箭头▼，然后按照如图 3-118 所示的步骤开始操作，将【定向视图到草图】按钮、【重新附着草图】按钮和【连续自动标注尺寸】按钮添加到【直接草图】工具条中。

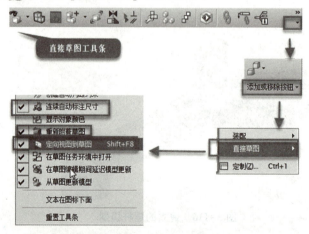

图 3-118 添加命令按钮

（2）在绘图区显示基准坐标系。在 UG NX 12.0 工作界面左侧的部件导航器中进行如图 3-119 所示的操作，将基准坐标系显示在绘图区中。这样，在绘图区域中显示基准坐标系，如图 3-120 所示，否则基准坐标系处于隐藏状态，不可见。

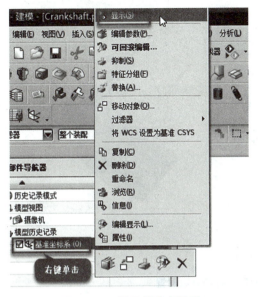

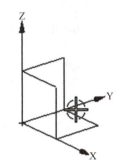

图 3-119　显示基准坐标系　　　　　　图 3-120　绘图区域显示基准坐标系

（3）选择草图平面，进入草图环境。在 UG NX 12.0 工作界面下方的【直接草图】工具条中单击【草图】按钮，或选择【插入】→【草图】菜单命令，此时系统将弹出【创建草图】对话框。选择 XY 平面作为草图平面，进入草图环境，绘制如图 3-121 所示的草图。

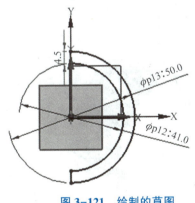

图 3-121　绘制的草图

3-21　绘制连杆盖基体

在【特征】工具条中单击【拉伸】按钮，在弹出的【拉伸】对话框中，如图 3-122 所示，依次操作：【选择曲线（4）】为图 3-121 绘制的草图；设置【指定矢量】也就是拉伸方向为沿着 ZC 轴方向；设置【限制】中的【结束】为【对称值】，【距离】输入 11 mm。单击【确定】按钮，完成草图拉伸建模。

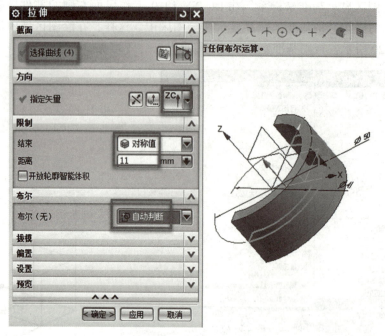

图 3-122 拉伸参数设置

在菜单栏单击【插入】→【基准/点】→【基准平面】按钮，按照如图 3-123 所示设置平面参数：【类型】为【按某一距离】；【平面参考】中【选择平面对象（1）】为如图 3-123 所示模型的一个端面；【偏置】中的【距离】输入 0 mm；其余选项均采用默认值。单击【确定】按钮，插入基准平面。

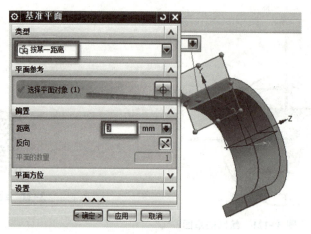

图 3-123 插入基准平面

3-22 创建连杆盖孔

在【直接草图】工具条中单击【草图】按钮，或选择【插入】→【草图】菜单命令，此时系统将弹出【创建草图】对话框。选择刚刚建立的基准平面作为草图平面，进入草图环境，绘制如图 3-124 所示的草图。

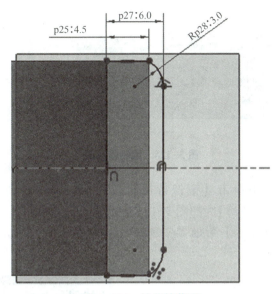

图 3-124 绘制的草图

在【特征】工具条中单击【拉伸】按钮,在弹出的【拉伸】对话框中,如图 3-125 所示,依次操作:【选择曲线(6)】为图 3-124 绘制的草图;设置【指定矢量】也就是拉伸方向为沿着 XC 轴方向;设置【限制】中的开始距离为 0 mm、结束距离为 14 mm;【布尔】运算为【无】。单击【确定】按钮,完成草图拉伸建模。

图 3-125 拉伸参数设置

在【直接草图】工具条中单击【草图】按钮,或选择【插入】→【草图】菜单命令,此时系统将弹出【创建草图】对话框。选择如图 3-123 所示建立的基准平面作为草图平面,进入草图环境,绘制如图 3-126 所示的草图。

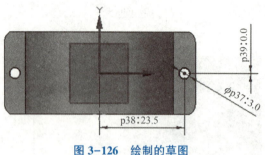

图 3-126 绘制的草图

在【特征】工具条中单击【镜像特征】按钮，弹出【镜像特征】对话框，如图 3-127 所示，【选择特征（2）】为如图 3-125 所示建立的【拉伸】特征和图 3-126 所示绘制的草图（从【模型历史记录】导航器中选择），【选择平面】为 XZ 平面。单击【确定】按钮，完成镜像特征的创建。

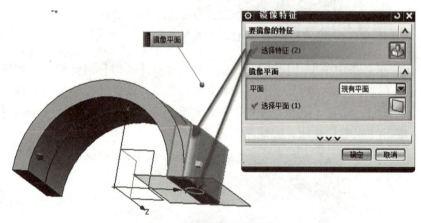

图 3-127 镜像参数设置

在【特征】工具条中单击【求和】按钮，弹出【求和】对话框，对模型的各个部分进行求和操作，使建立的所有实体合为一体，如图 3-128 所示。

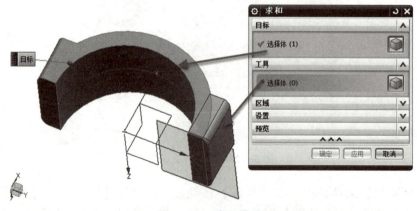

图 3-128 求和操作

在【特征】工具条中单击【拉伸】按钮，在弹出的【拉伸】对话框中，如图 3-129 所示,依次操作:【选择曲线】为图 3-126 绘制的草图以及镜像的该草图;设置【指定矢量】也就是拉伸方向为沿着 XC 轴方向;设置【限制】中的开始距离为 0 mm、结束距离为 20 mm;【布尔】运算为【求差】。单击【确定】按钮,完成草图拉伸建模。

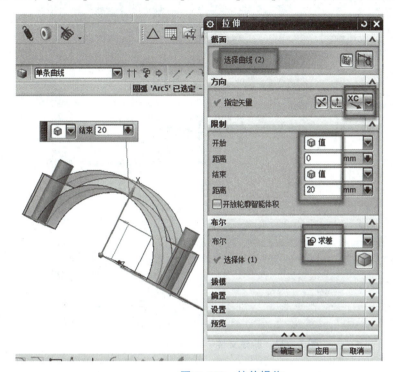

图 3-129 拉伸操作

3-23 连杆盖的三维展示

最终建立的连杆盖模型如图 3-130 所示。

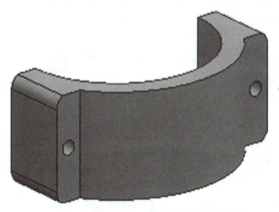

图 3-130 建立的连杆盖模型

3-24 新建模型文件——设置草图环境

3.4.5 创建连杆螺栓

启动 UG NX 12.0,选择【文件】→【新建】菜单命令,打开【新建】对话框,新建一个 NX 模型文件,名称为 Bolt.prt,操作如图 3-131 所示。

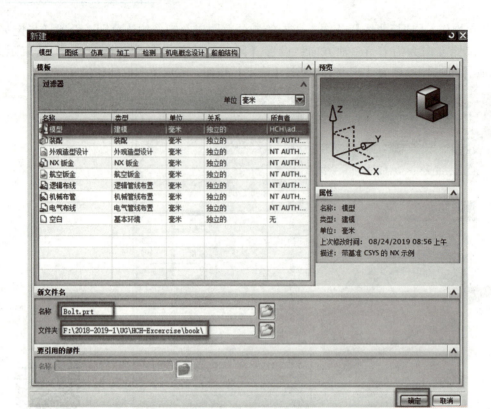

图 3-131 新建文件

(1) 在【直接草图】工具条中添加命令按钮。在 UG NX 12.0 工作界面底部的【直接草图】工具条中单击【添加或移除按钮】 添加或移除按钮▼ 中的下拉箭头▼，然后按照如图 3-132 所示的步骤开始操作，将【定向视图到草图】按钮、【重新附着草图】按钮和【连续自动标注尺寸】按钮添加到【直接草图】工具条中。

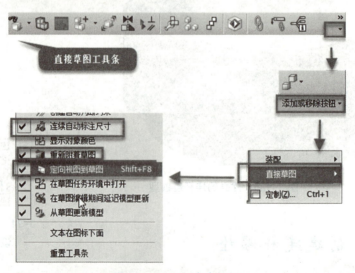

图 3-132 添加命令按钮

（2）在绘图区显示基准坐标系。在 UG NX 12.0 工作界面左侧的部件导航器中进行如图 3-133 所示的操作，将基准坐标系显示在绘图区中。这样，在绘图区域中就会显示基准坐标系，如图 3-134 所示，否则基准坐标系处于隐藏状态，不可见。

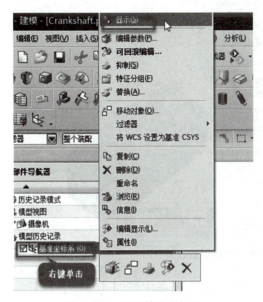

3-25 创建连杆螺栓头部

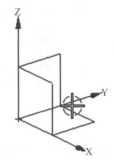

图 3-133 显示基准坐标系　　　　图 3-134 绘图区域显示基准坐标系

（3）选择草图平面，进入草图环境。在 UG NX 12.0 工作界面下方的【直接草图】工具条中单击【草图】按钮，或选择【插入】→【草图】菜单命令，此时系统将弹出【创建草图】对话框。选择 XY 平面作为草图平面，进入草图环境，绘制如图 3-135 所示的草图。

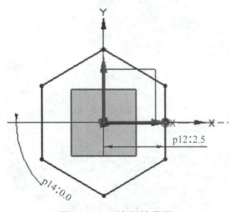

图 3-135 绘制的草图

在【特征】工具条中单击【拉伸】按钮，在弹出的【拉伸】对话框中，如图 3-136 所示，依次操作：【选择曲线】为图 3-135 绘制的草图；设置【指定矢量】也就是拉伸方向为沿着 ZC 轴方向；设置【限制】中的开始距离为 0 mm、结束距离为 5 mm。单击【确定】按钮，完成草图拉伸建模。

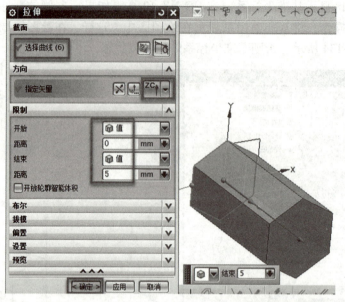

图 3-136 拉伸参数设置

在 UG NX 12.0 工作界面下方的【直接草图】工具条中单击【草图】按钮，或选择【插入】→【草图】菜单命令，此时系统将弹出【创建草图】对话框。选择 XY 平面作为草图平面，绘制如图 3-137 所示的草图，图形为一个与图 3-135 所绘制正六边形内切的圆。

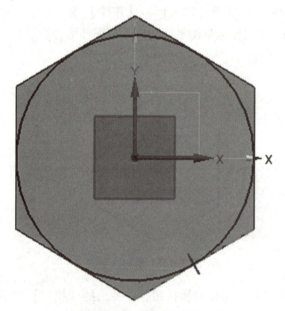

图 3-137 绘制的草图

单击【完成草图】按钮，退出草图绘制环境。

在【特征】工具条中单击【拉伸】按钮，在弹出的【拉伸】对话框中，如图 3-138 所示，依次操作：【选择曲线】为图 3-137 绘制的草图；设置【指定矢量】也就是拉伸方向为沿着 ZC 轴方向；设置【限制】中的开始距离为 0 mm、结束距离为 5 mm；【布尔】运算选择【求交】；【拔模】选择【从起始限制】，【角度】为-45°。单击【确定】按钮，完成草图拉伸建模，建立的螺栓头部模型如图 3-139 所示。

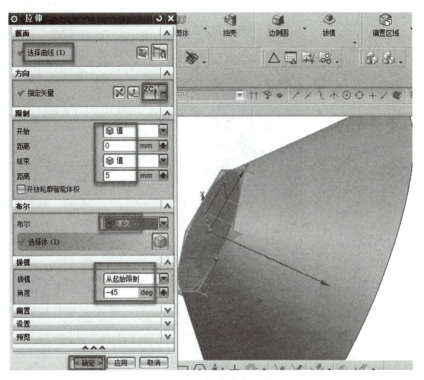

图 3-138 拉伸参数设置

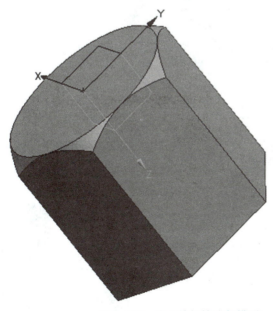

图 3-139 建立的螺栓头部模型

3-26 创建连杆螺栓杆身

在 UG NX 12.0 工作界面下方的【直接草图】工具条中单击【草图】按钮,或选择【插入】→【草图】菜单命令,此时系统将弹出【创建草图】对话框。选择 XY 平面作为草图平面,进入草图环境,绘制如图 3-140 所示的草图。单击【完成草图】按钮,退出草图绘制环境。

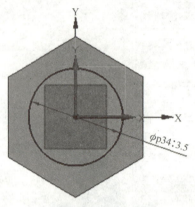

图 3-140 绘制的草图

在【特征】工具条中单击【拉伸】按钮,在弹出的【拉伸】对话框中,如图 3-141 所示,依次操作:【选择曲线】为图 3-140 绘制的草图;设置【指定矢量】也就是拉伸方向为沿着 ZC 轴方向;设置【限制】中的开始距离为 5 mm、结束距离为 47 mm;【布尔】运算选择【求和】,【选择体(1)】为默认的螺栓头部模型。单击【确定】按钮,完成草图拉伸建模。

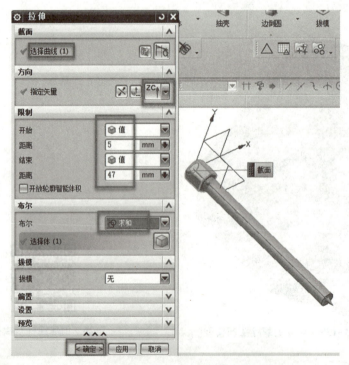

图 3-141 拉伸参数设置

3-27 创建连杆螺栓细节特征

在【特征】工具条中单击【倒斜角】按钮，在弹出的【倒斜角】对话框中，如图 3-142 所示，依次操作：【选择边（1）】为上一步拉伸形成的圆柱的末端的圆周线；【偏置】选项中【横截面】选择【偏置和角度】，【距离】输入 0.2 mm，【角度】为 45°。单击【确定】按钮，完成倒斜角特征的创建。

在【特征】工具条中单击【边倒圆】按钮，在弹出的【边倒圆】对话框中，如图 3-143 所示，依次操作：【选择边（1）】为螺栓头部和螺栓杆身的交界线，【形状】选项选择【圆形】，【半径①】输入 0.1 mm。单击【确定】按钮，完成边倒圆特征的创建。

3-28 创建杆身螺纹

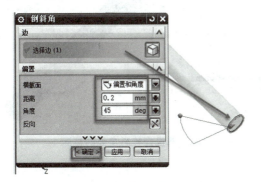

图 3-142 倒斜角参数设置

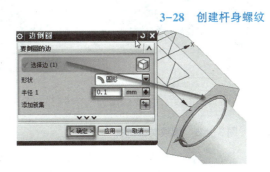

图 3-143 边倒圆参数设置

接下来需要建立螺栓杆身的螺纹特征。在菜单栏中依次单击【插入】→【设计特征】→【螺纹】按钮，如图 3-144 所示。

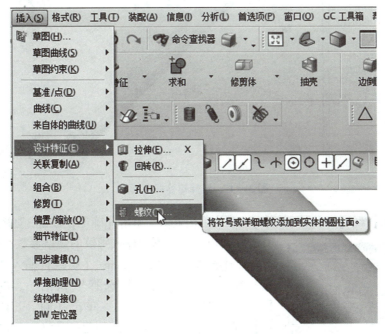

图 3-144 插入螺纹

在弹出的【螺纹】对话框中选择【螺纹类型】为【详细】，如图 3-145 所示。

单击选中螺栓杆身的外圆柱面,如图 3-146 所示。此时,弹出另外一个【螺纹】对话框,单击选中螺栓杆身的端面,如图 3-147 所示。

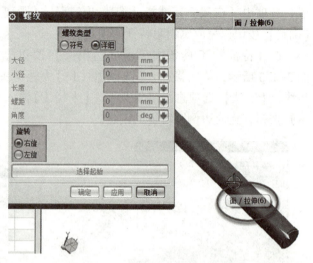

图 3-145 螺纹类型选择

图 3-146 选择螺栓杆身外圆柱面

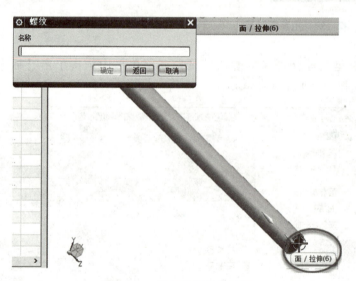

图 3-147 选择螺栓杆身端面

在弹出的【螺纹】对话框中所有选项均采用默认,单击【确定】按钮,如图 3-148 所示。

图 3-148 默认设置

在弹出的对话框中输入螺纹的规格参数,【小径】输入 3 mm,【长度】输入 25 mm,【螺距】输入 0.6 mm,【角度】输入 60°,【旋转】选择默认的【右旋】,如图 3-149 所示。单击【确定】按钮,完成螺纹特征的创建,最终建立的螺栓模型如图 3-150 所示。

3-29 连杆螺栓的三维展示

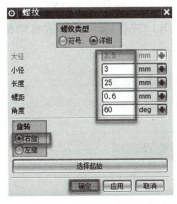

图 3-149 输入螺纹参数

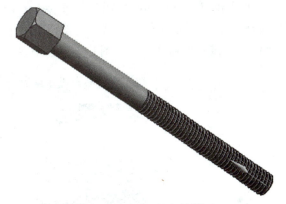

图 3-150 建立的螺栓模型

3.4.6 创建连杆螺母

启动 UG NX 12.0，选择【文件】→【新建】菜单命令，打开【新建】对话框，新建一个 NX 模型文件，名称为 Nut.prt，操作如图 3-151 所示。

3-30 新建模型文件——设置草图环境

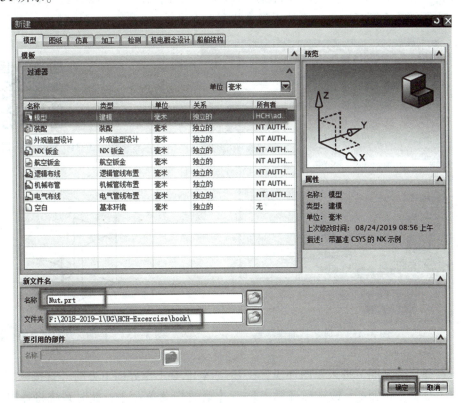

图 3-151 新建文件

（1）在【直接草图】工具条中添加命令按钮。在 UG NX 12.0 工作界面底部的【直接草图】

工具条中单击【添加或移除按钮】 中的下拉箭头，然后按照图 3-152 所示的步骤开始操作，将【定向视图到草图】按钮、【重新附着草图】按钮和【连续自动标注尺寸】按钮添加到【直接草图】工具条中。

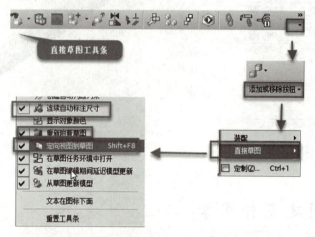

图 3-152 添加命令按钮

（2）在绘图区显示基准坐标系。在 UG NX 12.0 工作界面左侧的部件导航器中进行如图 3-153 的操作，将基准坐标系显示在绘图区中。这样，在绘图区域中显示基准坐标系，如图 3-154 所示，否则基准坐标系处于隐藏状态，不可见。

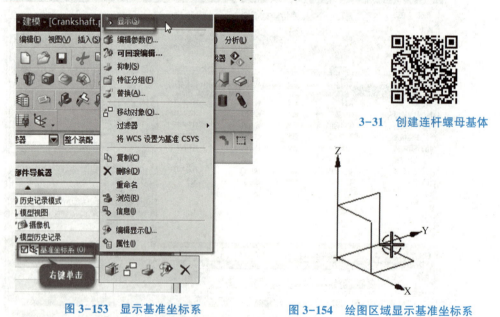

图 3-153 显示基准坐标系　　　图 3-154 绘图区域显示基准坐标系

3-31 创建连杆螺母基体

（3）选择草图平面，进入草图环境。在 UG NX 12.0 工作界面下方的【直接草图】工具条中单击【草图】按钮，或选择【插入】→【草图】菜单命令，此时系统将弹出【创建草图】对话框。选择 XY 平面作为草图平面，进入草图环境，绘制如图 3-155 所示的草图，单击【完成草图】按钮。

项目三
活塞连杆组的建模

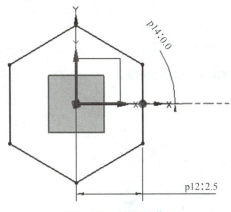

图 3-155 绘制的草图

在【特征】工具条中单击【拉伸】按钮,在弹出的【拉伸】对话框中,如图 3-156 所示,依次操作:【选择曲线 (6)】为图 3-155 绘制的草图;设置【指定矢量】也就是拉伸方向为沿着 ZC 轴方向;设置【限制】中的开始距离为 0 mm、结束距离为 5 mm。单击【确定】按钮,完成草图拉伸建模。

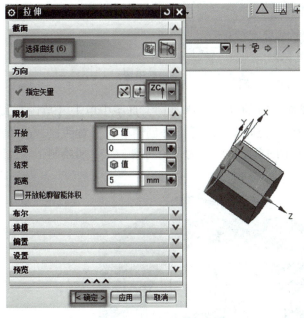

图 3-156 拉伸参数设置

在 UG NX 12.0 工作界面下方的【直接草图】工具条中单击【草图】按钮，或选择【插入】→【草图】菜单命令,此时系统将弹出【创建草图】对话框。选择 XY 平面作为草图平面,绘制如图 3-157 所示的草图。

单击【完成草图】按钮，退出草图绘制环境。

在【特征】工具条中单击【拉伸】按钮,在弹出的【拉伸】对话框中,如图 3-158 所示,依次操作:【选

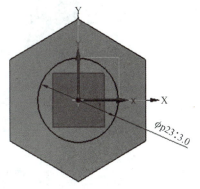

图 3-157 绘制的草图

129

曲线（1）】为图 3-157 绘制的草图；设置【指定矢量】也就是拉伸方向为沿着 ZC 轴方向；设置【限制】中的开始距离为 0 mm、结束距离为 5 mm；【布尔】运算选择【求差】，【选择体（1）】为默认的正六棱柱。单击【确定】按钮，完成草图拉伸建模。

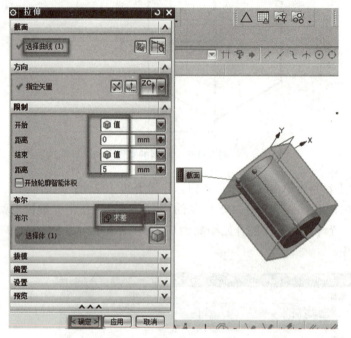

图 3-158 拉伸参数设置

在 UG NX 12.0 工作界面下方的【直接草图】工具条中单击【草图】按钮，或选择【插入】→【草图】菜单命令，此时系统将弹出【创建草图】对话框。选择 XY 平面作为草图平面，绘制如图 3-159 所示的草图，图形为一个与图 3-155 所绘制正六边形内切的圆。

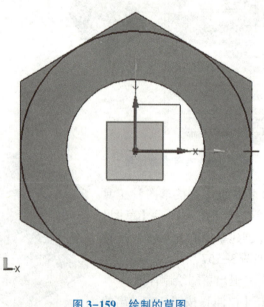

图 3-159 绘制的草图

3-32 创建连杆螺母细节特征

单击【完成草图】按钮，退出草图绘制环境。

在【特征】工具条中单击【拉伸】按钮，在弹出的【拉伸】对话框中，如图 3-160 所示，依次操作：【选择曲线（1）】为图 3-159 绘制的草图；设置【指定矢量】也就是拉伸方向为沿着 ZC 轴方向；设置【限制】中的开始距离为 0 mm、结束距离为 10 mm；【布尔】运算选择【求交】；【拔模】选择【从起始限制】，【角度】为 -60°。单击【确定】按钮，完成草图拉伸建模，建立的螺栓基体模型如图 3-161 所示。

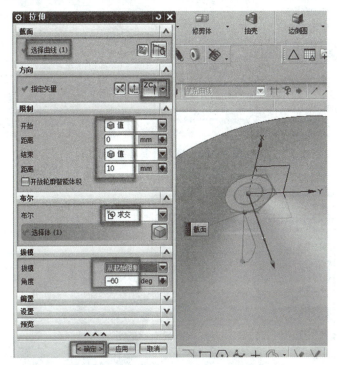

图 3-160　拉伸参数设置

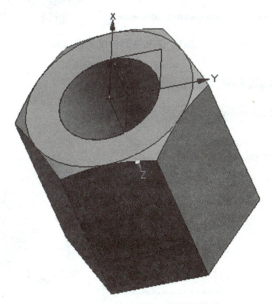

图 3-161　建立的螺母基体模型

如图 3-162 所示,在菜单栏单击【插入】→【基准/点】→【基准平面】按钮,按照如图 3-163 所示,设置平面参数,【类型】为【二等分】,【第一平面】选择上端面所在的平面,【第二平面】选择下端面所在的平面(图 3-164),单击【确定】按钮,插入螺母高度方向的对称平面,如图 3-165 所示。

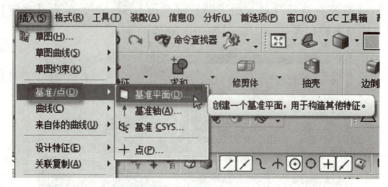

图 3-162　插入【基准平面】

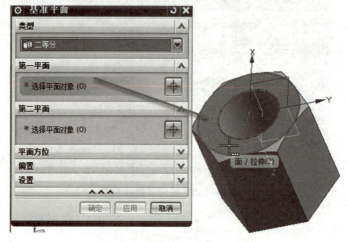

图 3-163　基准平面位置参数设置

图 3-164　第二平面选择

项目三
活塞连杆组的建模

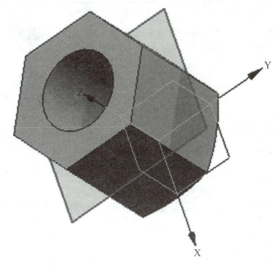

图 3-165 插入的基准平面

在【特征】工具条中单击【镜像特征】按钮，弹出【镜像特征】对话框，如图 3-166 所示，【选择特征（1）】为图 3-160 建立的拉伸特征（从【模型历史记录】导航器中选择），【选择平面（1）】为图 3-165 建立的基准平面为对称面，单击【确定】按钮，完成镜像特征的创建，使螺母上端面和下端面形状一致。

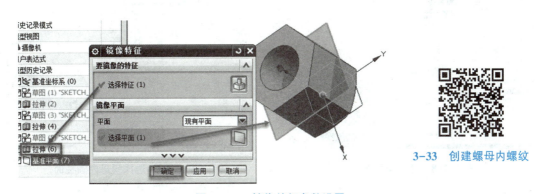

图 3-166 镜像特征参数设置

3-33 创建螺母内螺纹

接下来需要建立螺母的内螺纹特征。在菜单栏中依次单击【插入】→【设计特征】→【螺纹】按钮，如图 3-167 所示。

在弹出的【螺纹】对话框中选择【螺纹类型】为【详细】，如图 3-168 所示。

单击选中螺母内圆柱面，如图 3-169 所示。

在弹出的对话框中输入螺纹的规格参数，【大径】输入 3.5 mm，【长度】输入 5 mm，【螺距】输入 0.6 mm，【角度】输入 60°，【旋转】选择默认的【右旋】，如图 3-170 所示。单击【确定】按钮，完成螺纹特征的创建，最终建立的螺母模型如图 3-171 所示。

3-34 连杆螺母的
三维展示

133

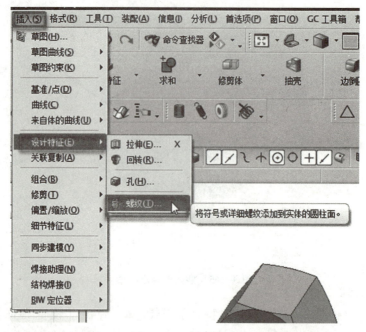

图 3-167 插入螺纹

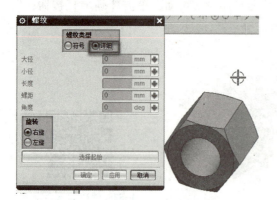

图 3-168 螺纹类型选择

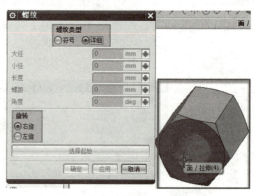

图 3-169 选择螺母内圆柱面

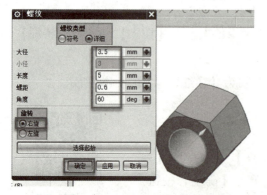

图 3-170 输入螺纹参数

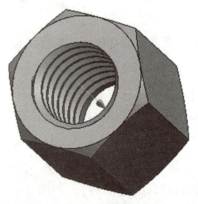

图 3-171 建立的螺母模型

3.4.7 活塞连杆组装配

启动 UG NX 12.0，选择【文件】→【新建】菜单命令，打开【新建】对话框，新建一个 NX 模型文件，注意选择【装配】，名称为 Piston_con_rod_assembly.prt，操作如图 3-172 所示。

3-35 新建装配文件

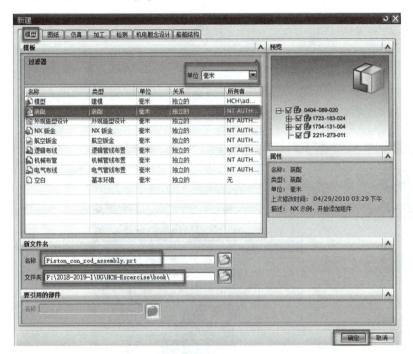

图 3-172 新建文件

图 3-173 添加组件对话框

单击【确定】按钮后弹出【添加组件】对话框，如图 3-173 所示，单击【打开】按钮，弹出如图 3-174 所示对话框，选择【Piston.prt】，单击【OK】按钮，添加活塞组件。

此时，添加组件的对话框中显示【已加载的部件】为 Piston.prt，如图 3-175 所示，对活塞进行定位，定位方式为【通过原点】。单击【确定】按钮，完成活塞组件的添加和定位。

在装配工具条中单击【添加组件】按钮，或者在菜单栏依次单击【装配】→【组件】→【添加组件】按钮，弹出添加组件对话框。如图 3-173 所示，单击【打开】按钮，弹出如图 3-176 所示对话框，选择【Piston_pin.prt】，单击【OK】按钮，添加活塞销组件。

3-36 活塞添加及定位

3-37 活塞销添加及定位

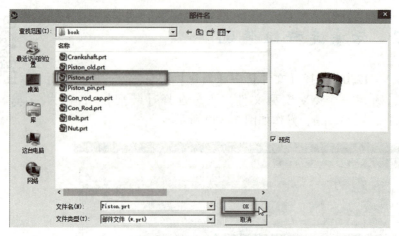

图 3-174　添加活塞组件

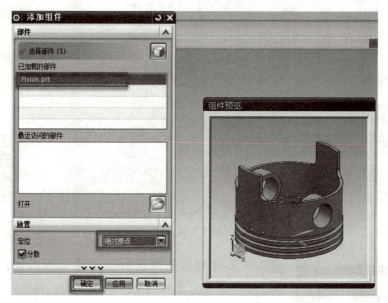

图 3-175　活塞定位

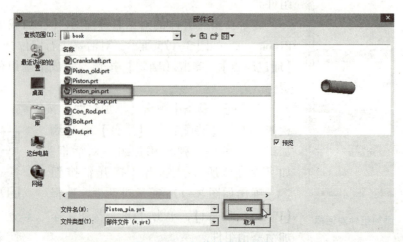

图 3-176　加载活塞销组件

项目三
活塞连杆组的建模

此时,添加组件的对话框中显示【已加载的部件】为【Piston_pin.prt】,如图 3-176 所示,对活塞销进行定位,定位方式为【通过约束】。单击【确定】按钮,完成活塞组件的添加。

此时弹出装配约束对话框,如图 3-177 所示,【类型】选择【接触对齐】,【方位】选择【自动判断中心/轴】,【选择两个对象(1)】中依次单击活塞销的轴线和活塞的轴线。单击【确定】按钮,完成活塞销的初步定位,保证活塞销轴线位置正确。

在装配工具条中单击【装配约束】按钮,或者在菜单栏依次单击【装配】→【组件位置】→【装配约束】按钮,弹出【装配约束】对话框,如图 3-178 所示。【类型】选择【接触对齐】,【方位】选择【对齐】,【选择两个对象(1)】中依次单击活塞销的左端面和活塞的外圆柱面。单击【确定】按钮,完成活塞销的最终定位,保证活塞销轴线位置正确。装配完成后的活塞和活塞销如图 3-179 所示。

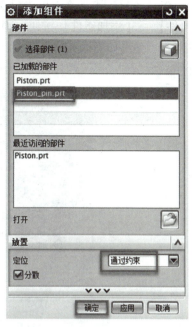

图 3-177 活塞销定位方式选择

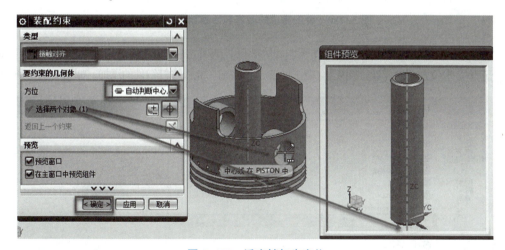

图 3-178 活塞销初步定位

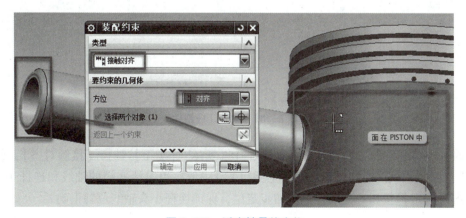

图 3-179 活塞销最终定位

137

在【装配】工具条中单击【添加组件】按钮,或者在菜单栏依次单击【装配】→【组件】→【添加组件】按钮,弹出【添加组件】对话框。如图 3-173 所示,单击【打开】按钮,弹出如图 3-180 所示对话框,选择【Con_Rod.prt】,单击【OK】按钮,添加连杆组件。

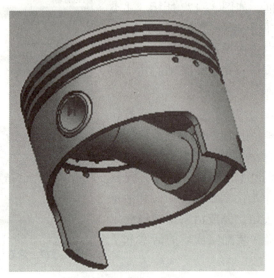

3-38 连杆添加及定位

图 3-180 装配完成的活塞和活塞销

- 此时,添加组件的对话框中显示【已加载的部件】为【Con_Rod.prt】,如图 3-181 所示,对连杆进行定位,定位方式为【通过约束】。单击【确定】按钮,完成连杆组件的添加,如图 3-182 所示。

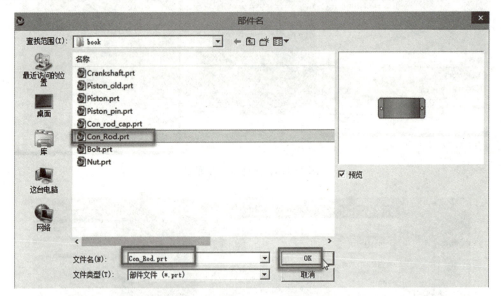

图 3-181 加载连杆组件

此时弹出【装配约束】对话框,如图 3-183 所示,【类型】选择【接触对齐】,【方位】选择【自动判断中心/轴】,【选择两个对象(1)】中依次单击活塞销的轴线和连杆小头的轴线,单击【确定】按钮,完成连杆的初步定位,保证连杆小头轴线位置正确。

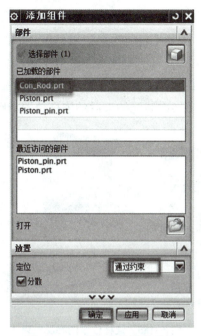

图 3-182　连杆定位方式选择

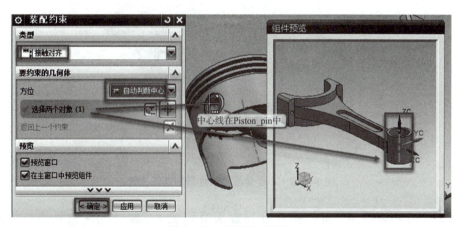

图 3-183　连杆小头定位

此时，进行了一次装配约束后的连杆位置如图 3-184 所示，从图中可以看出，需要对连杆的位置进行进一步约束，使连杆位于活塞销的中段位置。

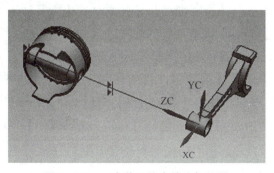

图 3-184　一次装配约束的连杆位置

在装配工具条中单击【装配约束】按钮，或者在菜单栏依次单击【装配】→【组件位置】→【装配约束】按钮，弹出【装配约束】对话框。如图 3-185 所示，【类型】选择【中心】，【子类型】选择【2 对 2】，【选择对象（3）】中依次单击活塞内部凸起的两个内端面和连杆小头的两个外端面共四个面。单击【确定】按钮，完成连杆的二次定位，保证连杆小头位于活塞销的中间位置。二次装配约束后的连杆位置如图 3-186 所示。

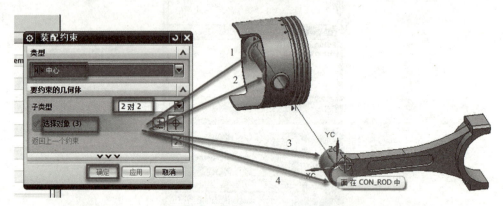

图 3-185　连杆位置的装配约束

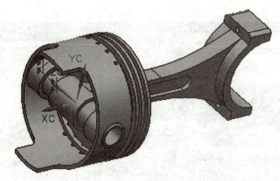

图 3-186　二次装配约束之后的连杆位置

由图 3-185 可以看出，此时的连杆位置需要绕着 ZC 轴（同时也是连杆小头的轴线）旋转 180°。在【装配】工具条中单击【移动组件】按钮，或者在菜单栏依次单击【装配】→【组件位置】→【移动组件】按钮，弹出【移动组件】对话框。如图 3-187 所示进行连杆的旋转操作，【选择组件（1）】选择连杆，【运动】选择【角度】，【指定矢量】为 ZC 轴，【指定轴点】选择默认，【角度】输入 180°，【模式】选择【不复制】。单击【确定】按钮，完成连杆的旋转。

此时，彻底完成连杆的加载和定位操作，如图 3-188 所示。

在【装配】工具条中单击【添加组件】按钮，或者在菜单栏依次单击【装配】→【组件】→【添加组件】按钮，弹出【添加组件】对话框。如图 3-173 所示，单击【打开】按钮，弹出如图 3-189 所示对话框，选择【Con_rod_cap.prt】，单击【OK】按钮，添加连杆盖组件。

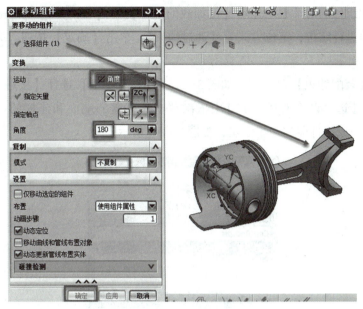

图 3-187 连杆旋转参数设置

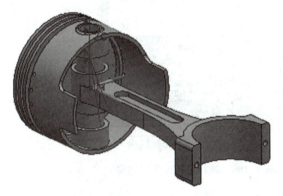

图 3-188 加载和定位完成的连杆

3-39 连杆盖添加及定位

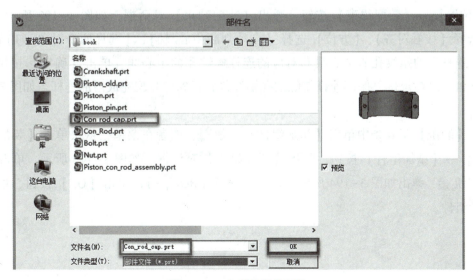

图 3-189 加载连杆盖组件

此时，添加组件的对话框中显示【已加载的部件】为【Con_rod_cap.prt】，如图 3-189 所示，对连杆盖进行定位，定位方式为【通过约束】。单击【确定】按钮，完成连杆盖组件的添加。

此时弹出【装配约束】对话框，如图 3-190 所示，【类型】选择【接触对齐】，【方位】选择【接触】，【选择两个对象（1）】中依次单击连杆盖的端面和连杆的一个端面。单击【确定】按钮，完成连杆盖的初步定位，如图 3-191 所示。

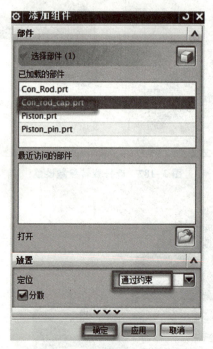

图 3-190　连杆盖定位方式选择

在【装配】工具条中单击【装配约束】按钮，或者在菜单栏依次单击【装配】→【组件位置】→【装配约束】按钮，弹出【装配约束】对话框，如图 3-192 所示。【类型】选择【接触对齐】，【方位】选择【自动判断中心/轴】，【选择两个对象（1）】中依次单击连杆盖的螺纹孔的中心线和对应的连杆螺纹孔的中心线。单击【确定】按钮，完成连杆盖的最终定位，保证连杆盖螺纹孔轴线位置正确。装配完成后的连杆盖如图 3-193 所示。

在【装配】工具条中单击【添加组件】按钮，或者在菜单栏依次单击【装配】→【组件】→【添加组件】按钮，弹出【添加组件】对话框。如图 3-173 所示，单击【打开】按钮，弹出如图 3-194 所示对话框，选择【Bolt.prt】，单击【OK】按钮，添加连杆螺栓组件。

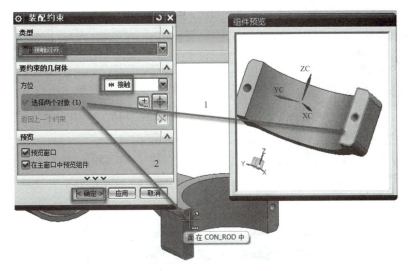

图 3-191 连杆盖端面定位

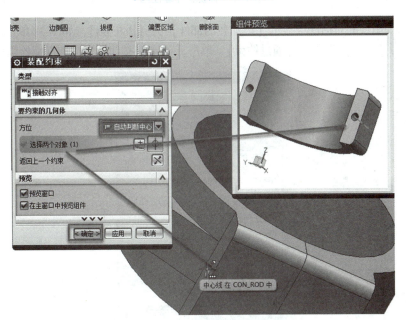

图 3-192 连杆盖螺纹孔中心线定位

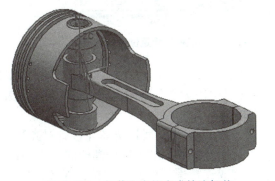

图 3-193 加载和定位完成的连杆盖

3-40 连杆螺栓添加及定位

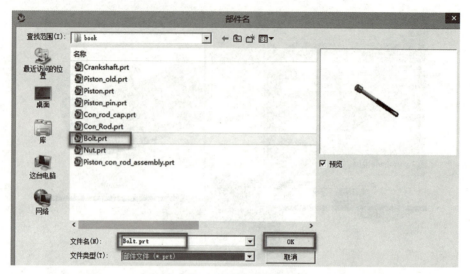

图 3-194　加载连杆螺栓组件

此时，添加组件的对话框中显示【已加载的部件】为【Bolt.prt】，如图 3-195 所示，对连杆螺栓进行定位，【定位】方式为【通过约束】。单击【确定】按钮，完成连杆螺栓组件的添加。

图 3-195　连杆螺栓定位方式选择

此时弹出【装配约束】对话框，如图 3-196 所示，【类型】选择【接触对齐】，【方位】选择【接触】，【选择两个对象 (1)】中依次单击连杆螺栓头部的下端面和连杆的一个端面。单击【确定】按钮，完成连杆螺栓的初步定位。

在装配约束对话框，如图 3-197 所示，【类型】选择【接触对齐】，【方位】选择【自动判断中心/轴】，【选择两个对象 (1)】中依次单击连杆螺栓的中心线和对应的连杆螺纹孔的中心线。单击【确定】按钮，完成连杆螺栓的最终定位，保证连杆螺栓轴线位置正确。装配完成后的连杆螺栓如图 3-198 所示。

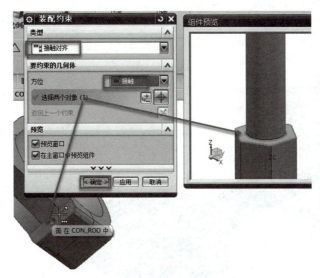

图 3-196　连杆螺栓端面定位

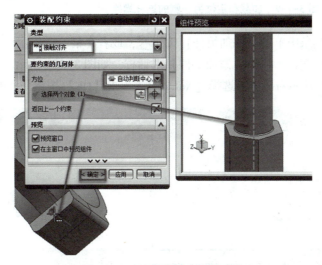

图 3-197　连杆螺栓中心线定位

图 3-198　加载和定位完成的连杆螺栓

重复图 3-194~图 3-197 所示的操作步骤，完成另外一侧的螺栓的加载和定位，如图 3-199 所示。

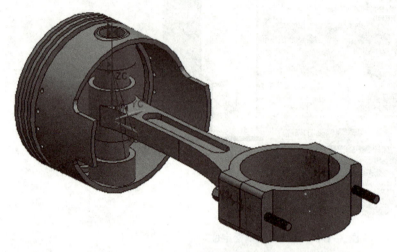

3-41 连杆螺母添加及定位

图 3-199 加载和定位另一侧的连杆螺栓

在【装配】工具条中单击【添加组件】按钮，或者在菜单栏依次单击【装配】→【组件】→【添加组件】按钮，弹出【添加组件】对话框，如图 3-173 所示。单击【打开】按钮，弹出如图 3-200 所示对话框，选择【Nut.prt】，单击【OK】按钮，添加连杆螺母组件。

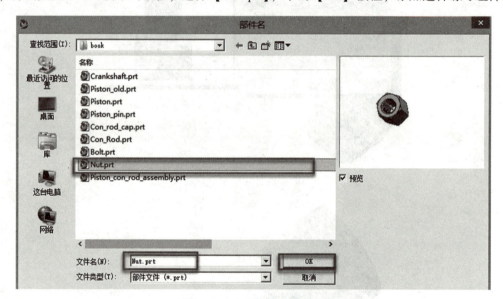

图 3-200 加载连杆螺母组件

此时，添加组件的对话框中显示【已加载的部件】为【Bolt.prt】，如图 3-201 所示，对连杆螺母进行定位，【定位】方式为【通过约束】，单击【确定】按钮，完成连杆螺母组件的添加。

此时弹出【装配约束】对话框，如图 3-202 所示，【类型】选择【接触对齐】，【方位】选择【接触】，【选择两个对象（1）】中依次单击连杆螺母头部的上端面和连杆盖的一个端面，完成连杆螺母的初步定位。

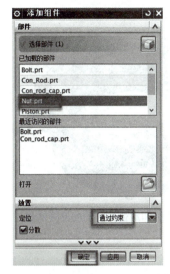

图 3-201　连杆螺母定位方式选择

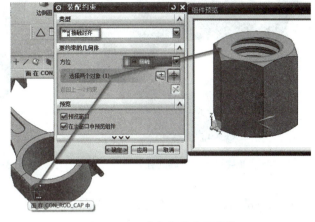

图 3-202　连杆螺母端面定位

在【装配约束】对话框中，如图 3-203 所示，【类型】选择【接触对齐】，【方位】选择【自动判断中心/轴】，【选择两个对象】中依次单击连杆螺母的中心线和对应的连杆螺栓的中心线。单击【确定】按钮，完成连杆螺母的最终定位，保证连杆螺母轴线位置正确。装配完成后的连杆螺母如图 3-204 所示。

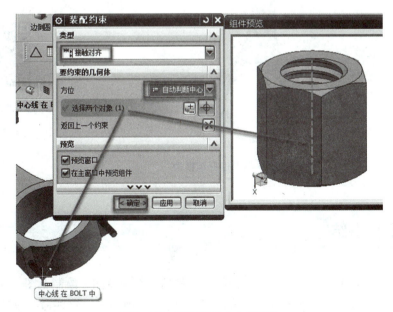

图 3-203　连杆螺母中心线定位

重复图 3-199～图 3-203 所示的操作步骤，完成另外一侧的螺栓的加载和定位，如图 3-205 所示。

图 3-204 加载和定位完成的连杆螺母

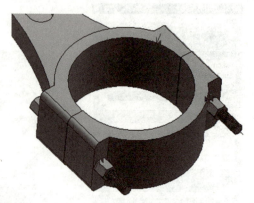
图 3-205 加载和定位另一侧的连杆螺母

至此完成活塞连杆组的建模工作，如图 3-206 所示。

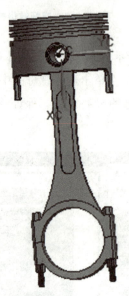

图 3-206 活塞连杆组模型

3-42 活塞连杆组的三维展示

3.5 项目小结

在这个项目的完成过程中，反复用到的操作包括：新建草图、绘制草图、完成草图；拉伸、旋转、求差；镜像体、阵列（线性和圆形阵列）、修剪体等。这些命令是建立三维模型的基础，需要多加练习。此外，本项目通过活塞连杆组的装配，讲解了装配的定位与实现方法，应用较多地是【接触】命令，需要大家不仅要掌握其各个选项的含义，还需要能够正确应用。

3.6 拓展练习

绘制如图 3-207 所示三视图代表的三维实体模型，分三部分绘制（圆筒、肋板和底板），并完成装配。

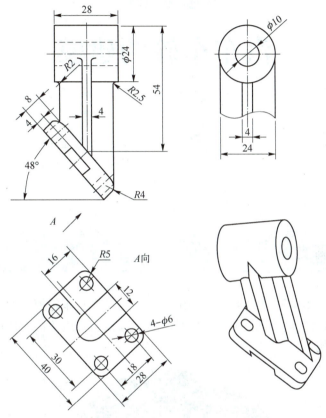

图 3-207 模型图纸

项目四

汽车车轮的建模

4.1 项目摘要

本项目是建立汽车车轮的三维模型（图4-1）。通过汽车车轮模型的建立，用户可以加深对利用 UG NX 软件绘制草图、回转、拉伸、投影曲线、管道等命令使用方法的理解，提高三维模型的创建能力。

图4-1 汽车车轮的三维模型

4.2　学习目标

能力目标

(1) 能够正确识读给定的二维图纸；
(2) 能够确定绘图顺序；
(3) 能够运用草图命令绘制给定的二维图纸；
(4) 能够利用拉伸、回转、扫掠等命令建立三维模型；
(5) 能够修改三维模型；
(6) 能够正确创建投影曲线。

知识目标

(1) 掌握拉伸命令对话框中参数的含义；
(2) 掌握通过草绘截面拉伸实体的方法；
(3) 掌握通过回转截面生成实体的方法；
(4) 掌握布尔运算的操作方法；
(5) 掌握投影曲线的创建方法；
(6) 掌握管道命令的使用方法。

素质目标

(1) 培养学生善于观察、思考的习惯；
(2) 培养学生动手操作的能力；
(3) 培养学生严谨、认真的绘图意识和态度；
(4) 培养学生团队协作、共同解决问题的能力。

4.3　工作任务分析

4.3.1　零件背景

汽车车轮是由轮毂、辐板、轮辋和轮胎等组成的，轮毂位于车轮中心用来安装车轴，轮辋用来安装轮胎，辐板是轮毂和轮辋之间的部分。汽车轮胎与路面直接接触，具有缓和冲击、提供附着力和承受汽车载荷等作用。

4.3.2　结构分析

分析汽车车轮的三维结构（图4-1），汽车的轮毂、轮辋和辐板在建模时可以视为回转几何体，中间孔的形状可以用对应几何体进行求差的布尔运算得出。轮胎在建模时也可以视为回转几何体，胎面花纹同样用对应几何体进行求差的布尔运算得出。

4.4 工作任务实施

启动 UG NX 12.0，选择【文件】→【新建】菜单命令，打开【新建】对话框，新建一个模型文件，名称为【Wheel.prt】，根据需要选择文件保存位置，操作如图 4-2 所示。

4-1　绘制轮毂轮廓回转草图

（1）设置草图绘制环境。依次选择【文件】→【首选项】→【草图】菜单命令，打开【草图首选项】对话框，如图 4-3 所示，勾选【连续自动标注尺寸】选项。

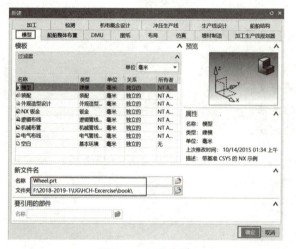

图 4-2　新建文件

图 4-3　添加命令按钮

（2）在绘图区显示基准坐标系。在 UG NX 12.0 工作界面左侧的部件导航器中进行如图 4-4 所示的操作，将基准坐标系显示在绘图区中。这样，在绘图区域中就会显示基准坐标系，如图 4-5 所示，若不勾选则基准坐标系处于隐藏状态，不可见。

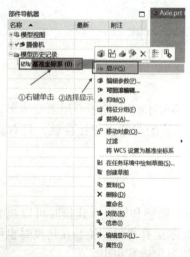

图 4-4　显示基准坐标系

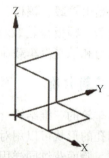

图 4-5　绘图区域显示基准坐标系

（3）选择草图平面，进入草图环境。单击 UG NX 12.0【主页】菜单下的【草图】按钮，此时系统将弹出【创建草图】对话框。选择 XY 平面作为草图平面，进入草图环境。

分别绘制如图 4-6 和图 4-7 所示的两个草图，单击【完成草图】按钮，完成草图绘制工作。

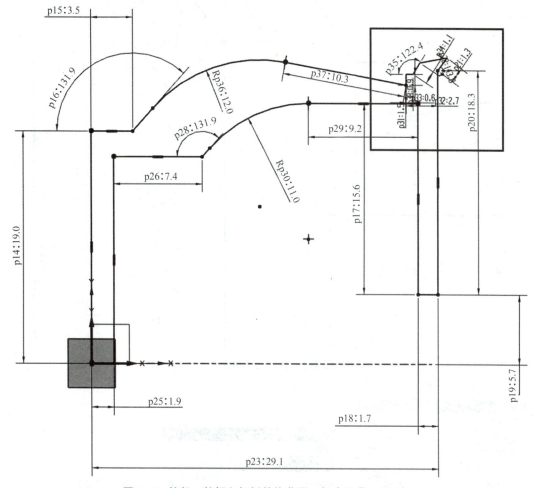

图 4-6　轮毂、轮辋和辐板基体草图（框内细节见图 4-7）

在【特征】工具条中单击【旋转】按钮，在弹出的【旋转】对话框中（图 4-8）进行设置：【选择曲线】为图 4-6 建立的草图曲线；【旋转轴】为 YC 轴；【指定点】为打开【点】对话框，选择默认的坐标原点；设置【限制】中的开始角度为 0°、结束角度为 360°；【布尔】运算为【无】。单击【确定】按钮，建立的车轮的主体部分如图 4-9 所示。

选择草图平面，进入草图环境。在 UG NX 12.0【直接草图】工具条中单击【草图】按钮，或选择【插入】→【草图】菜单命令，此时系统将弹出【创建草图】对话框。按照如图 4-10 所示的步骤，选择 XZ 平面作为草图平面，进入草图环境。

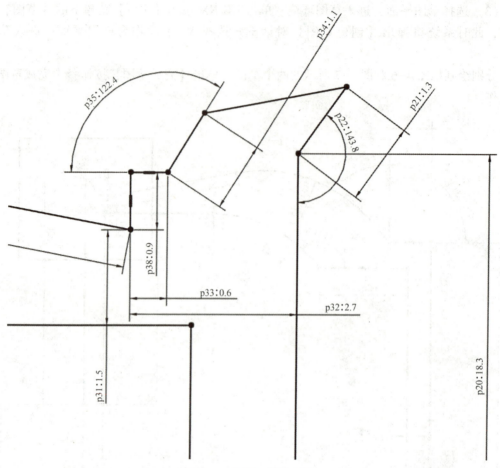

图 4-7 轮辋细节放大图

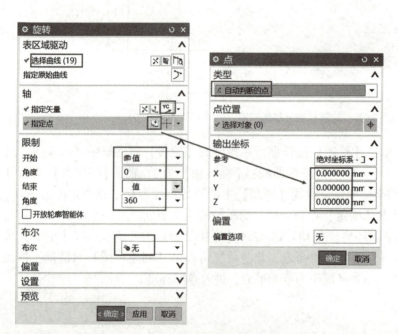

图 4-8 回转参数设置

4-2 创建轮毂回转体

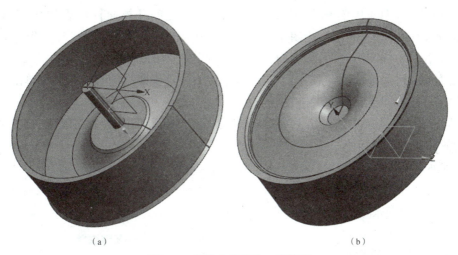

图 4-9 车轮主体部分三维模型
(a) 内侧；(b) 外侧

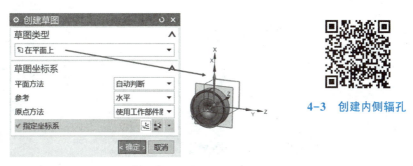

图 4-10 选择草图平面

4-3 创建内侧辐孔

绘制如图 4-11 所示的草图：绘制一个直径为 $\phi 4$ mm 的圆形，圆心位于 Z 轴下半轴上，距离 X 轴 6.5 mm，单击【完成草图】按钮，完成草图绘制工作。

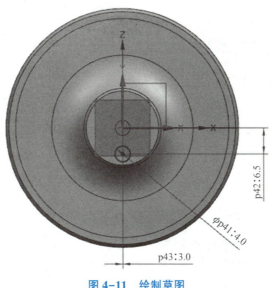

图 4-11 绘制草图

在【特征】工具条中单击【拉伸】按钮，在弹出的【拉伸】对话框中，如图 4-12 所示，依次操作：【选择曲线】为图 4-11 所示草图中绘制的 φ4 mm 的圆形；设置【指定矢量】也就是拉伸方向为沿着 YC 轴方向；设置【限制】中的开始距离为 0 mm、结束距离为 500 mm，【布尔】运算选择【减去】，【选择体】为上一步建立的车轮基体。单击【确定】按钮，完成草图拉伸建模，创建一个孔。

在【特征】工具条单击【阵列特征】按钮，按照如图 4-13 所示进行参数设置；【选择特征】在【模型历史记录】窗口选择上一步建立的【拉伸】特征；【指定点】为默认的点；【阵列定义】中，【布局】选择【圆形】，【指定矢量】为沿着 YC 轴方向。【指定点】为打开【点】对话框选择默认的坐标原点，【数量】为 5，【节距角】为 72°。单击【确定】按钮，完成圆形阵列操作。建立的模型如图 4-14 所示。

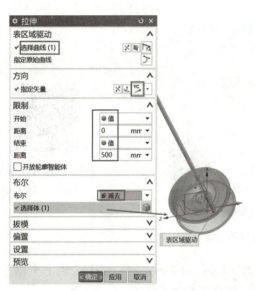
图 4-12 拉伸参数设置

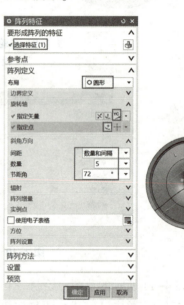
图 4-13 阵列参数设置

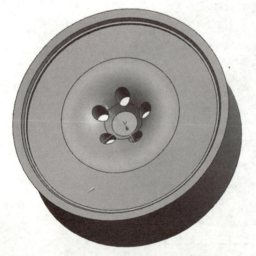
图 4-14 阵列之后的模型展示

4-4 创建较长辐孔

在 UG NX 12.0【直接草图】工具条中单击【草图】按钮，选择 XZ 平面作为草图平面，进入草图环境。绘制如图 4-15 所示的草图，单击【完成草图】按钮，完成草图绘制工作。

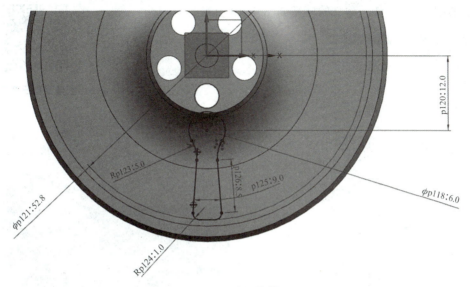

图 4-15 绘制的草图

在【特征】工具条中单击【拉伸】按钮，在弹出的【拉伸】对话框中，如图 4-16 所示，依次操作：【选择曲线】为图 4-15 所示绘制的草图；设置【指定矢量】也就是拉伸方向为沿着 YC 轴方向；设置【限制】中的开始距离为 0 mm、结束距离为 500 mm；【布尔】运算选择【减去】，【选择体（1）】为上一步建立的实体。单击【确定】按钮，完成草图拉伸建模。

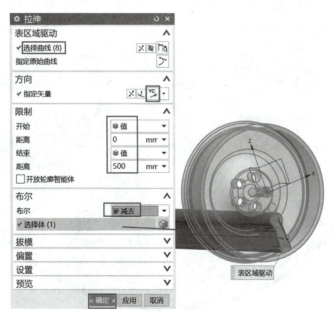

图 4-16 拉伸参数设置

在【特征】工具条中单击【阵列特征】按钮，按照如图 4-17 所示进行参数设置：【选择特征】在【模型历史记录】窗口选择上一步建立的【拉伸】特征；【指定点】为默认的点；【阵列定义】选择【圆形】；【指定矢量】为沿着 YC 轴方向。【指定点】为打开【点】对话框选择默认的坐标原点，【数量】为 9，【节距角】为 40°。单击【确定】按钮，完成圆形阵列操作。建立的模型如图 4-18 所示。

图 4-17　阵列参数设置

4-5　创建类似三角形的辐孔

图 4-18　阵列操作之后的模型展示

在 UG NX 12.0【直接草图】工具条中单击【草图】按钮，选择 XZ 平面作为草图平面，进入草图环境，绘制如图 4-19 所示的草图。单击【完成草图】按钮，完成草图绘制工作。

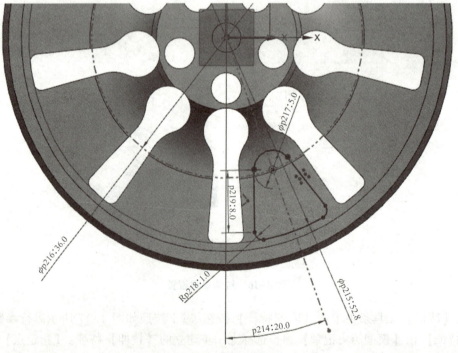

图 4-19　绘制的草图

在【特征】工具条中单击【拉伸】按钮,在弹出的【拉伸】对话框中,如图4-20所示,依次操作:【选择曲线】为图4-19所示绘制的草图;设置【指定矢量】也就是拉伸方向为沿着 YC 轴方向;设置【限制】中的开始距离为 0 mm、结束距离为 500 mm;【布尔】运算选择【减去】,【选择体(1)】为上一步建立的模型。单击【确定】按钮,完成草图的拉伸建模。

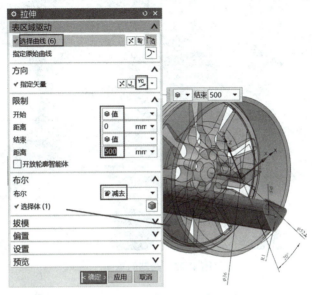

图 4-20 拉伸参数设置

在【特征】工具条中单击【阵列特征】按钮,按照如图4-21所示进行参数设置:【选择特征】在【模型历史记录】窗口选择上一步建立的【拉伸】特征;【指定点】为默认的点;【阵列定义】选择【圆形】;【指定矢量】为沿着 YC 轴方向。【指定点】为打开【点】对话框选择默认的坐标原点,【数量】为9,【节距角】为40°。单击【确定】按钮,完成圆形阵列操作。建立的模型如图4-22所示。

4-6 创建车轮安装辐孔

图 4-21 阵列参数设置

图 4-22 阵列操作之后的模型展示

在 UG NX 12.0【直接草图】工具条中单击【草图】按钮,选择 XZ 平面作为草图平面,进入草图环境。绘制如图 4-23 所示的草图,单击【完成草图】按钮,完成草图的绘制工作。

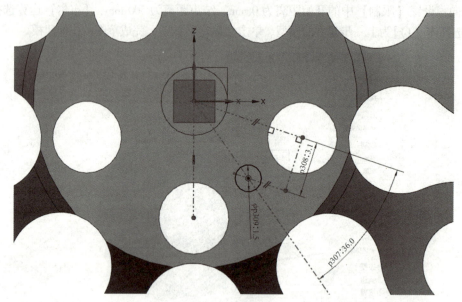

图 4-23 绘制的草图

在【特征】工具条中单击【拉伸】按钮,在弹出的【拉伸】对话框中,如图 4-24 所示,依次操作:【选择曲线】为图 4-23 所示绘制的草图;设置【指定矢量】也就是拉伸方向为沿着 YC 轴方向;设置【限制】中的开始距离为 0 mm、结束距离为 500 mm;【布尔】运算选择【减去】,【选择体(1)】为上一步建立的实体。单击【确定】按钮,完成草图拉伸建模。

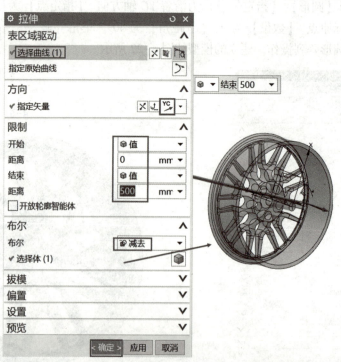

图 4-24 拉伸参数设置

在【特征】工具条中单击【阵列特征】按钮，按照如图4-25所示进行参数设置：【选择特征】在【模型历史记录】窗口选择上一步建立的【拉伸】特征；【指定点】为默认的点；【阵列定义】选择【圆形】；【指定矢量】为沿着 YC 轴方向。【指定点】为打开【点】对话框选择默认的坐标原点，【数量】为5，【节距角】为72°。单击【确定】按钮，完成圆形阵列操作。建立的模型如图4-26所示。

图 4-25　阵列参数设置

图 4-26　阵列操作之后的模型展示

在【直接草图】工具条中单击【草图】按钮，或选择【插入】→【草图】菜单命令，此时系统将弹出【创建草图】对话框。按照如图4-27所示的步骤选择轮毂外侧的圆面作为草图平面，进入草图绘制环境。

图4-27　选择草图平面

绘制如图4-28所示的草图，单击【完成草图】按钮退出草图绘制环境。

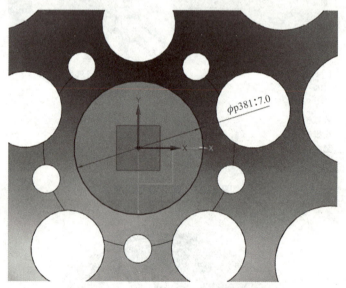

图4-28　绘制的草图

在【特征】工具条中单击【拉伸】按钮，在弹出的【拉伸】对话框中，如图4-29所示，依次操作：【选择曲线】为图4-28绘制的草图；设置【指定矢量】也就是拉伸方向为沿着-YC轴方向；设置【限制】中的开始距离输入0 mm、结束距离输入0.5 mm；【布尔】运算为【减去】，【选择体（1）】为默认的几何实体。单击【确定】按钮，完成草图拉伸建模。

在【特征】工具条中单击【边倒圆】按钮，在弹出的【边倒圆】对话框中，如图4-30所示，依次操作：【过滤器】选择【相切曲线】；【选择边】为图中所示外侧轮辐孔腔的边线，【形状】选项选择【圆形】，【半径1】输入0.2 mm。单击【确定】按钮，完成边倒圆特征的创建。

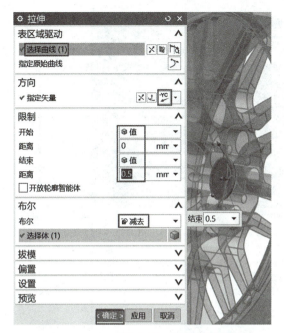

4-7 创建轮毂上辐孔的
圆角等细节特征

图 4-29 拉伸参数设置

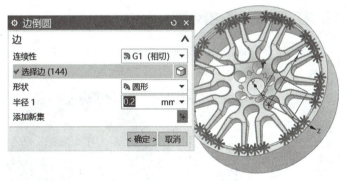

图 4-30 边倒圆参数设置

4-8 创建轮胎基体

采用同样的参数设置，对内侧轮辐孔腔的边线、外侧轮辐中间各圆孔的边线和内侧轮辐中间各圆孔的边线进行边倒圆操作。至此，完成轮毂、轮辋和轮辐部分的建模工作。

接下来需要对轮胎部分进行建模。在 UG NX 12.0【直接草图】工具条中单击【草图】按钮，或选择【插入】→【草图】菜单命令，此时系统将弹出【创建草图】对话框。选择 XY 平面作为草图平面，进入草图环境，绘制如图 4-31 所示的草图，单击【完成草图】按钮退出草图绘制环境。

在【特征】工具条中单击【旋转】按钮，在弹出的【旋转】对话框中（图 4-32）进行设置：【选择曲线】为图 4-31 建立的草图曲线；【旋转轴】为 Y 轴，【指定点】为打开【点】对话框，选择默认的坐标原点；设置【限制】中的【开始】为 0°，【结束】为 360°；【布尔】运算为【无】。单击【确定】按钮，建立车轮轮胎主体。

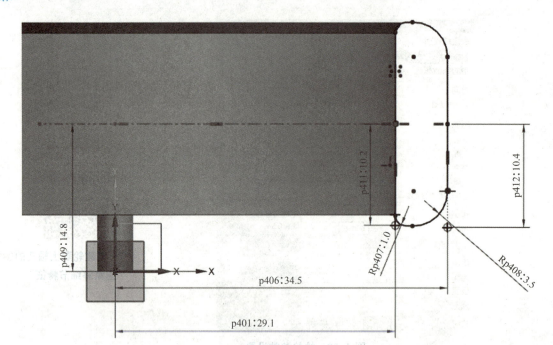

图 4-31 轮胎截面草图

图 4-32 回转参数设置　　　　4-9 创建轮胎胎面斑纹

在【特征】工具条中单击【基准平面】按钮，或者在菜单栏中单击【插入】→【基准/点】→【基准平面】按钮，弹出【基准平面】对话框，按照如图 4-33 所示设置平面参数：【类型】为【按某一距离】；【平面参考】中【选择平面对象】为 XY 平面；【偏置】中【距离】输入 36.4 mm；其余选项均采用默认值。单击【确定】按钮，插入基准平面。

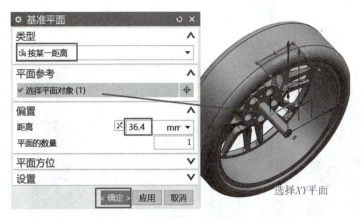

图 4-33　插入基准平面

在【直接草图】工具条中单击【草图】按钮，或选择【插入】→【草图】菜单命令，此时系统将弹出【创建草图】对话框。选择图 4-33 插入的基准平面作为草图平面，进入草图环境，分别利用【艺术样条】命令绘制大致形状如图 4-34 和图 4-35 所示的两条艺术曲线，单击【完成草图】按钮退出草图绘制环境。

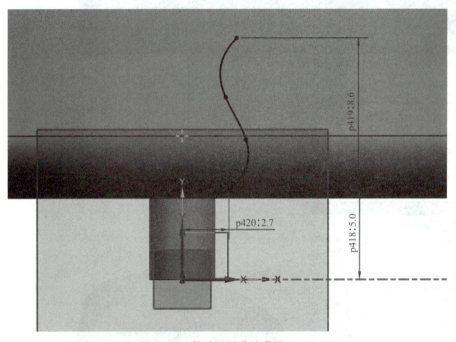

图 4-34　轮胎胎面花纹草图（一）

在【曲线】菜单栏下面的【派生曲线】工具条中单击【投影曲线】按钮，弹出【投影曲线】对话框，按照如图 4-36 所示进行设置：【要投影的曲线或点】中【选择曲线或点(1)】为图 4-35 所示绘制的艺术样条曲线；【要投影的对象】中【选择对象（2）】为图中所示两个曲面；【投影方向】中【方向】为【沿矢量】，【指定矢量】为 $-ZC$ 轴。单击【确定】按钮，创建投影曲线。

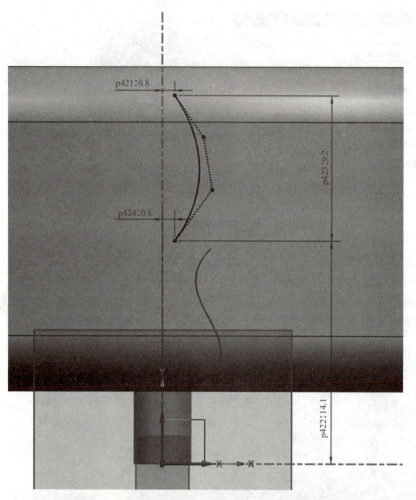

图 4-35 轮胎胎面花纹草图（二）

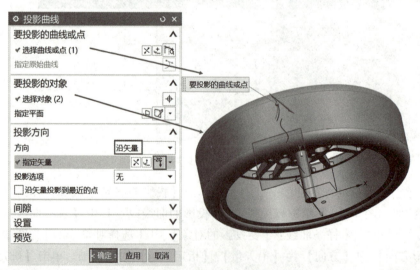

图 4-36 投影曲线参数设置

4-10 创建轮胎表面回转槽

在菜单栏依次单击【插入】→【扫掠】→【管】菜单命令，或者在【曲面】工具条中选择【更多】选项，再选择【扫掠】下面的【管】选项，此时将弹出【管】对话框，如图 4-37 所示进行设置：【路径】中【选择曲线（2）】为图 4-36 建立的投影曲线；【横截面】中【外径】输入 1 mm，【内径】用默认的 0 mm；【布尔】运算为【求差】，【选择体（1）】为轮胎回转体。单击【确定】按钮，建立管道特征，建立的管道特征如图 4-38 所示。

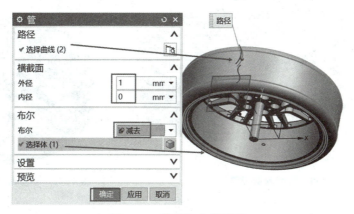

图 4-37 管特征参数设置

重复前面的操作，将图 4-34 所示建立的草图曲线进行投影并且建立管道特征，如图 4-39 所示。

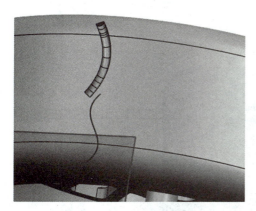

图 4-38 建立的管道特征

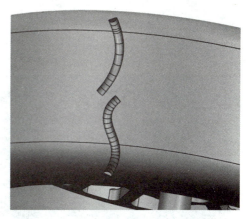

图 4-39 建立的两个管道特征

在【特征】工具条中单击【阵列特征】按钮，按照如图 4-40 所示进行参数设置：【选择特征（2）】为前面建立的两个【管】特征；【阵列定义】选择【圆形】；【指定矢量】为沿着 YC 轴方向；【指定点】为打开【点】对话框，选择默认的坐标原点，【数量】为 90，【节距角】为 4°。单击【确定】按钮，完成圆形阵列操作，建立的模型如图 4-41 所示。

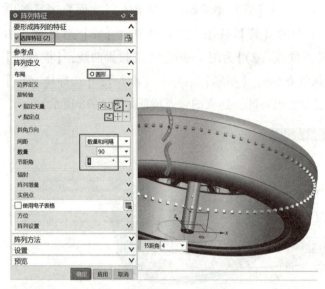

图 4-40 阵列参数设置

图 4-41 初步建立的轮胎胎面花纹

在【直接草图】工具条中单击【草图】按钮，或选择【插入】→【草图】菜单命令，此时系统将弹出【创建草图】对话框。选择 XY 平面作为草图平面，进入草图环境，绘制如图 4-42 所示的草图，单击【完成草图】按钮退出草图绘制环境。

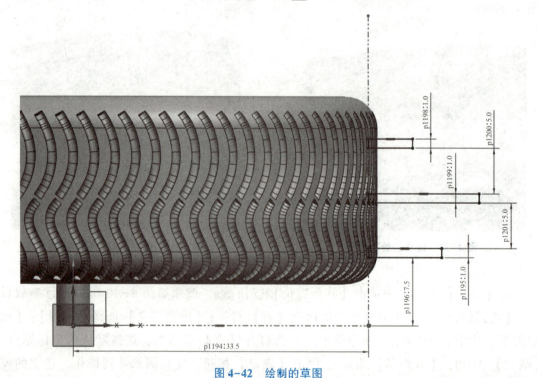

图 4-42 绘制的草图

在【特征】工具条中单击【旋转】按钮，在弹出的【旋转】对话框中按照如图 4-43 所示进行设置：【选择曲线（12）】为图 4-42 建立的草图曲线；【旋转轴】为 YC 轴；【指定点】为打开【点】对话框,选择默认的坐标原点;【布尔】运算为【减去】,【选择体(1)】为轮胎回转体。单击【确定】按钮,完成车轮的建模,建立的车轮模型如图4-44所示。

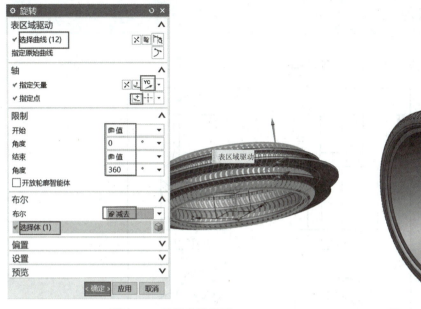

图4-43 旋转参数设置　　　　　　　　图4-44 建立的车轮模型

对车轮进行真实着色编辑,在【渲染】菜单栏下执行【艺术外观】任务,系统艺术外观材料选择【汽车】,轮胎赋予【Rubber Black】(黑色橡胶),金属部分赋予【Wheel Aluminum】(铝车轮),效果如图4-45所示。

4-11 车轮三维模型展示

图4-45 渲染后的车轮模型
(a)车轮外侧;　　(b)车轮内侧

4.5　项目小结

在车轮的建模过程中主要运用了草图绘制、拉伸、旋转、边倒圆、投影曲线、管、阵列等命令，其中投影曲线和管道操作比较难理解，需要多加练习。

4.6 拓展练习

利用 UG 软件完成图 4-46 中零件的创建。

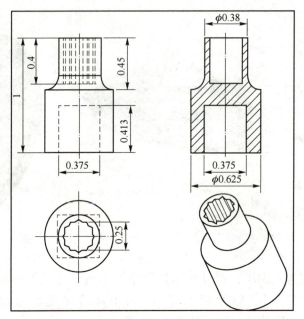

图 4-46 模型图纸

项目五

配气机构的建模

5.1 项目摘要

本项目是完成汽车发动机重要部件——配气机构的三维建模（图 5-1）。通过配气机构的实体建模，用户能加深对利用 UG 软件进行三维实体建模的认识，掌握零件装配的定义和实现方法。

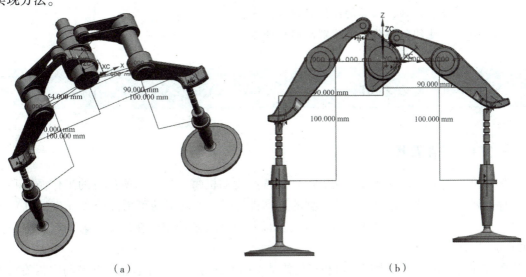

图 5-1 配气机构三维模型
(a) 轴测图；(b) 轴向视图

5.2 学习目标

能力目标

(1) 能够确定绘图顺序；
(2) 能够运用草图命令绘制给定的二维图纸；
(3) 能够利用拉伸、旋转、镜像等命令建立三维模型；
(4) 能够正确装配三维模型。

知识目标

(1) 掌握拉伸命令对话框中参数的含义；
(2) 掌握通过草绘截面拉伸实体的方法；
(3) 掌握通过旋转截面生成实体的方法；
(4) 掌握镜像体和阵列体的操作方法；
(5) 掌握布尔运算的操作方法；
(6) 掌握添加组件的方法；
(7) 掌握装配约束的应用方法。

素质目标

(1) 培养学生善于观察、思考的习惯；
(2) 培养学生动手操作的能力；
(3) 培养学生严谨、认真的绘图意识和态度；
(4) 培养学生团队协作、共同解决问题的能力。

5.3 工作任务分析

5.3.1 零件背景

发动机配气机构（内燃机配气机构）是按照发动机每一气缸内所进行的工作循环和点火顺序的要求，定时开启和关闭各气缸的进、排气门，使新鲜的可燃混合气（汽油机）或空气（柴油机）得以及时进入气缸，废气得以及时从气缸排出。在压缩与做功行程中，关闭气门，以保证燃烧室的密封。

各式配气机构都可分为气门组和气门传动组两大部分。气门组包括气门及与之相关联的零件，其组成与配气机构的形式基本无关。气门组包括气门、气门导管、气门座及气门弹簧等零件。气门传动组主要包括凸轮轴、正时齿轮、挺柱及其导杆、推杆、摇臂和摇臂轴等，其作用是使进、排气门按配气相位规定的时刻进行开和闭，并保证有足够的开度。

5.3.2 结构分析

分析配气机构的三维模型（图 5-1）可以看出，整个组件包括凸轮轴、左右摇臂、气门和气门导管等几个主要部分，建模时可以对各个部分分别建模，然后按照具体的安装要求进行装配。

5.4 工作任务实施

5.4.1 创建凸轮轴具体操作步骤

5-1 凸轮轴
新建文件-s

1. 新建模型文件

启动 UG NX 12.0，选择【文件】→【新建】菜单命令，打开【新建】对话框，新建一个 NX 模型文件，名称为【camshaft.prt】，操作如图 5-2 所示。

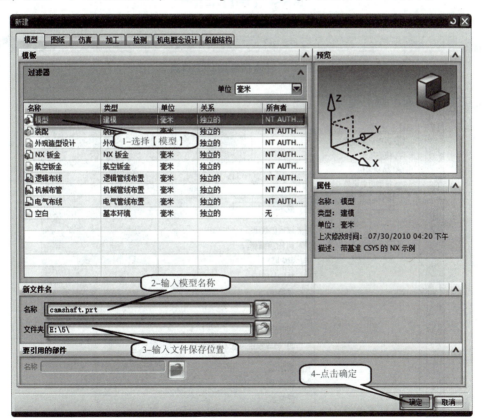

图 5-2 新建模型文件

2. 设置模型绘制环境，添加相关工具条和命令按钮

在 UG NX 12.0 工作界面菜单栏空白处单击右键，在弹出的菜单中选择【特征】、【直接草图】工具条，如图 5-3~图 5-5 所示。

图 5-3 右键菜单

图 5-4 【特征】工具条

图 5-5 【直接草图】工具条

3. 在绘图区显示基准坐标系（图 5-6）

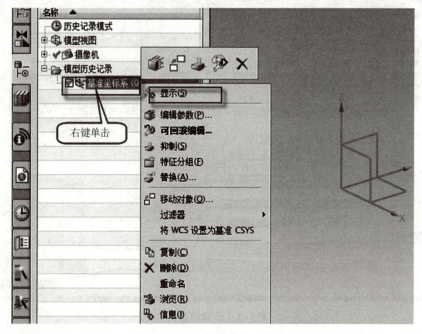

图 5-6 显示基准坐标系方法

4. 凸轮轴主体部分回转建模

（1）在【特征】工具条中单击【回转】按钮，此时系统将弹出【回转】对话框。按照如图 5-7 所示的步骤，选择 YZ 平面作为草图平面，选定草图方向，选绝对原点为草图原点后进入绘制草图环境，如图 5-8 和图 5-9 所示。

图 5-7 【回转】对话框

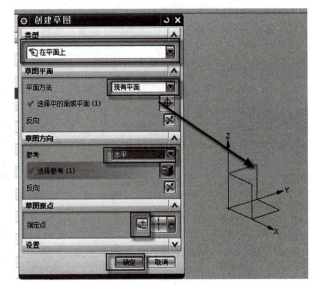

图 5-8 【创建草图】对话框

图 5-9 草图原点设定

(2) 绘制回转截面曲线。

首先，在【直接草图】工具条上单击【轮廓】按钮，如图 5-10 所示。在【轮廓】对话框中选【直线】对象类型，【输入模式】为坐标模式，如图 5-11 所示。然后，按照如图 5-12 所示从原点开始连续画直线，同时按图中标注输入每段直线的长度和角度。绘制完截面曲线后，单击【完成草图】按钮结束草图绘制，如图 5-13 所示。

图 5-10 【直接草图】工具条的【轮廓】按钮

图 5-11 【轮廓】对话框

图 5-12 绘制回转截面曲线

图 5-13 【完成草图】按钮

5-2 凸轮轴主体回转建模-s

(3) 应用已绘制截面回转建模。

在单击【完成草图】按钮后，软件进入回转条件设定状态，弹出【回转】对话框，如图 5-14 所示。在【回转】对话框中，【截面】选择已绘制曲线，【旋转轴】选择 YC 坐标轴，设置【限制】中的开始角度为 0°、结束角度为 360°。设置后单击【确定】按钮。

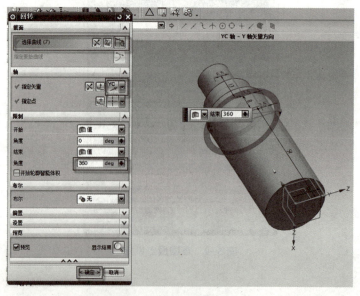

图 5-14 回转条件设定

5. 凸轮轴上单一凸轮拉伸建模。

(1) 在【特征】工具条中单击【拉伸】按钮，进入拉伸特征绘制状态，如图 5-15 所示。在【拉伸】对话框中单击【绘制截面】按钮打开【绘制草图】对话框，选择绘制草图所需平面，如图 5-16 所示。

5-3 凸轮轴单一凸轮
拉伸建模-s

图 5-15 【特征】工具条中【拉伸】按钮

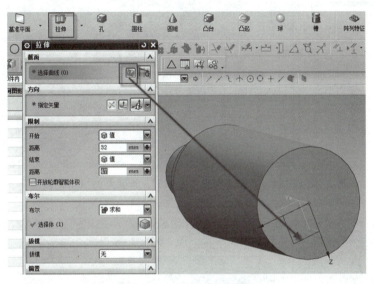

图 5-16 【拉伸】对话框

(2) 应用【直接草图】工具条绘制圆，如图 5-17 所示。在【圆】对话框中选圆心和直径定圆模式，直径为 ϕ32 mm，圆心为回转圆柱的截面圆心。

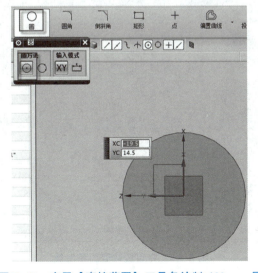

图 5-17 应用【直接草图】工具条绘制 ϕ32 mm 圆

（3）绘制圆中心距直线。在【直接草图】工具条中单击【直线】按钮，【输入模式】选择参数模式，直线起点为 φ32 mm 圆圆心，在【参数】对话框中填写【长度】为 21 mm，【角度】为 115°，如图 5-18 所示。绘制完直线后选直线，右键单击，在右键菜单中选择【转换为参考】选项，将直线转换为参考线，如图 5-19 所示。在【直接草图】工具条中选择【圆】按钮，以前面画的参考线的另一端点为圆心，绘制 φ13 mm 圆，如图 5-20 所示。

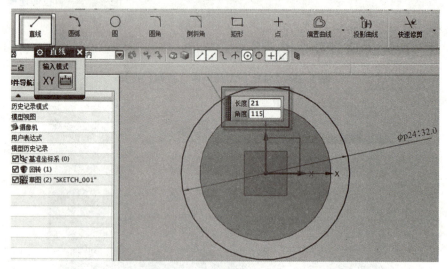

图 5-18　绘制与 X 轴正向夹角为 115°、长度为 21 mm 的直线

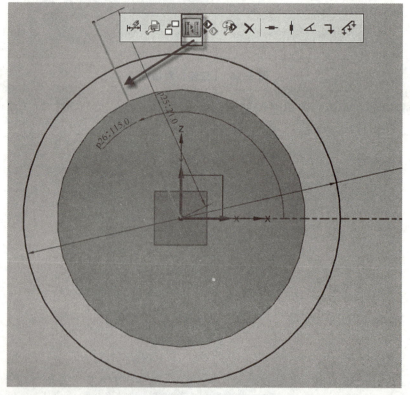

图 5-19　将直线转变为参考线

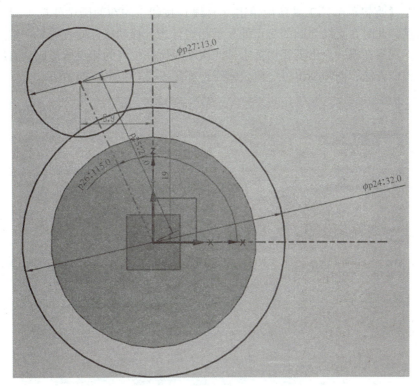

图 5-20 以直线端点为圆心绘制 φ13 mm 圆

（4）绘制 φ13 mm 圆和 φ32 mm 圆的两条公切线。首先，在【直接草图】工具条中单击【几何约束】按钮，弹出【几何约束】对话框，选定【相切】选项，如图 5-21 和图 5-22 所示。

图 5-21 【直接草图】工具条的【几何约束】按钮

图 5-22 【几何约束】对话框

然后，在【直接草图】工具条中单击【直线】按钮，先在两圆中任选一圆的边缘单击作为直线起点，此时在直线与圆的交点处显示相切标志。移动鼠标使直线另一端点落在另一圆的边缘上，观察在哪一点出现相切标志，此次端点所在位置为切点所形成的直线为两圆公切线。使用类似方法，两圆画出另一侧公切线，如图 5-23 和图 5-24 所示。

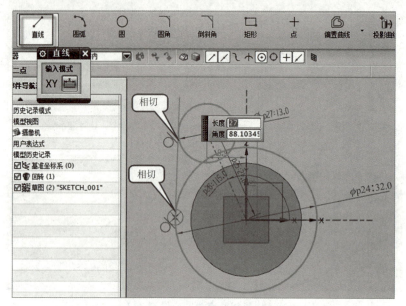

图 5-23　绘制两圆公切线

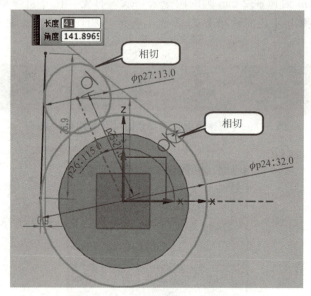

图 5-24　绘制两圆另一公切线

（5）使用快速剪切工具去除多余线段。在【直接草图】工具条中选【快速修剪】按钮，弹出【快速修剪】对话框。在要修剪的曲线选项下部单击【选择曲线（0）】按钮，然后在草图中单击所用多余线段，最终形成凸轮轮廓，最后单击【完成草图】按钮结束草图绘制，如图 5-25~图 5-27 所示。

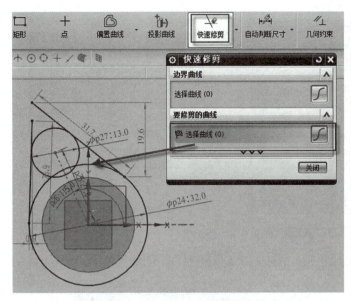

图 5-25 使用快速剪切工具去除多余线段

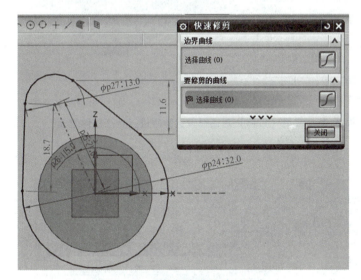

图 5-26 凸轮轮廓曲线绘制结束

图 5-27 【完成草图】按钮

（6）结束草图绘制后，进入特征拉伸环节。在【拉伸】对话框中，【方向】选-YC轴；设置【限制】中的开始距离为12 mm、结束距离为25 mm；【布尔】选【无】。单击【确定】按钮，完成凸轮特征拉伸建模，如图5-28所示。

如图5-29所示，在【特征】工具条中选【倒斜角】按钮，弹出【倒斜角】对话框，选择凸轮两端部棱线，在【偏置】设置中【横截面】选【对称】，【距离】为1 mm。应用后可实现为凸轮轴凸轮边缘倒斜角。

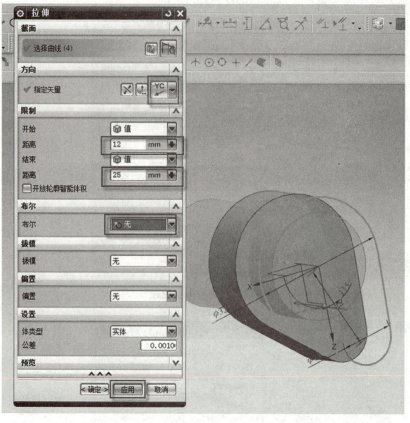

图 5-28 应用【拉伸】对话框设置参数进行特征拉伸建模

5-4 凸轮轴凸轮边缘倒斜角操作-s

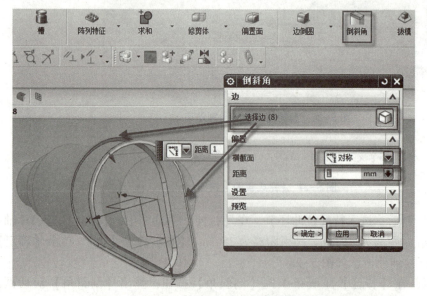

图 5-29 凸轮倒斜角操作

5-5 凸轮轴凸轮阵列建模-s

6. 凸轮轴凸轮阵列建模

在【特征】工具条中单击【阵列特征】按钮，弹出【阵列特征】对话框。在对话框【选择特征（3）】中选凸轮、两个倒斜角共 3 个特征，其余参数设置如图 5-30 所示。【方位】中选择【CSYS 到 CSYS】，起始 CSYS 设置：单击【CSYS】对话框按钮，弹出【CSYS】对话框，【类型】中选【绝对 CSYS】选项，如图 5-31 所示；目标 CSYS 设置：单击【CSYS】对话框按钮，弹出【CSYS】对话框，【类型】中选【动态】选项，如图 5-32 所示，并在【指示方位】设置中单击【点操控器】按钮。按如图 5-33 所示参数设置后单击【确定】按钮。

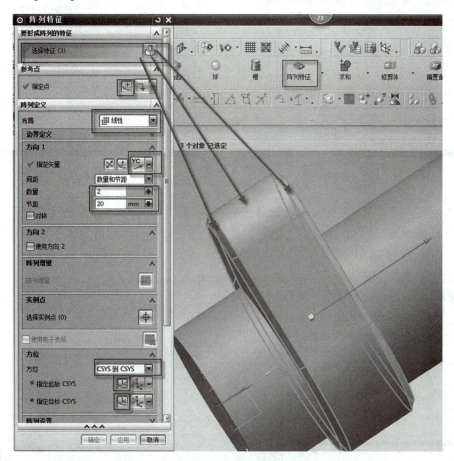

图 5-30 阵列特征参数设置

图 5-31 起始 CSYS 对话框设置

图 5-32 目标 CSYS 设置

图 5-33 【点】对话框设置

在各种参数设定后,使用鼠标左键单击如图 5-34 中所示位置,弹出【参数】对话框,在【角度】框中填写-130°,单击【确定】按钮。通过以上操作即可完成了第二个凸轮的阵列建模,如图 5-35 所示。

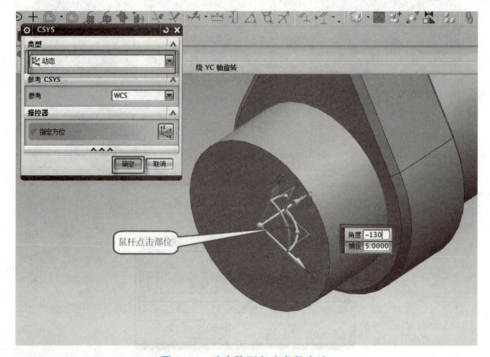

图 5-34 改变阵列角度参数方法

项目五
配气机构的建模

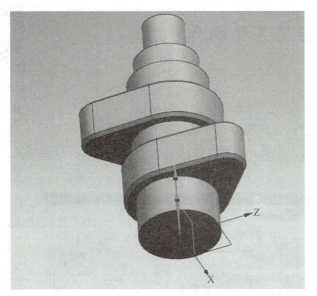

图 5-35 第二凸轮建模完成

5-6 凸轮轴各部分
求和操作-s

7. 凸轮轴各组成部分求和操作

在【特征】工具条中选择【求和】按钮，弹出【求和】对话框。在对话框中，【目标】选择圆柱体，【工具】选择两个凸轮，选完后单击【确定】按钮，实现 3 个部件的求和操作，如图 5-36 所示。

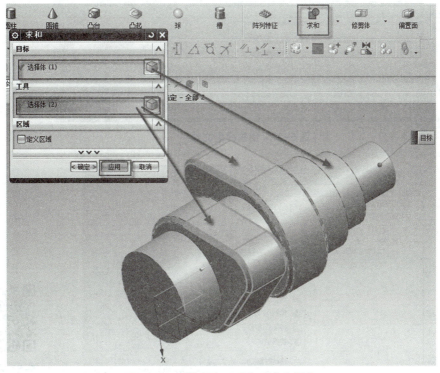

图 5-36 凸轮轴各组成部分求和操作

5.4.2 创建左摇臂具体操作步骤

1. 创建左摇臂文件

在菜单栏中选择【新建】选项,弹出【新建】对话框,在【新建】对话框进行如图 5-37 所示设置,完成模型文件新建操作。模型文件新建后,在【部件导航器】内选择【基准坐标系(0)】,单鼠标右键,选【显示(S)】选项,实现基准坐标系的显示,如图 5-38 所示。

5-7 左摇臂
新建文件-s

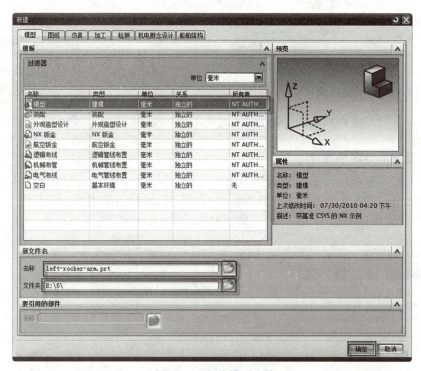

图 5-37 创建模型文件

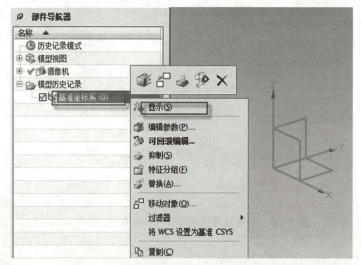

图 5-38 显示基准坐标系

5-8 左摇臂
圆柱建模-s

2. 左摇臂基部圆柱建模

在【特征】工具条中单击【圆柱】按钮，弹出【圆柱】对话框，在【圆柱】对话框中设置参数：【轴】中的【指定矢量】为 YC 轴方向；【尺寸】中的【直径】为 25 mm，【高度】为 17 mm，如图 5-39 所示。在【点】对话框中设置圆柱的起点坐标，如图 5-40 所示。单击【应用】按钮后，圆柱建模完成，如图 5-41 所示。

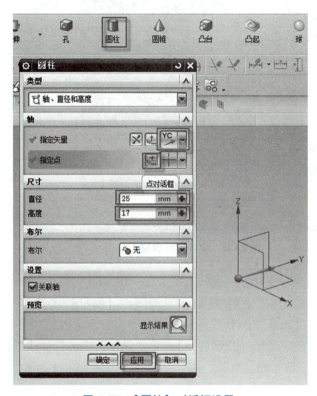

图 5-39 【圆柱】对话框设置

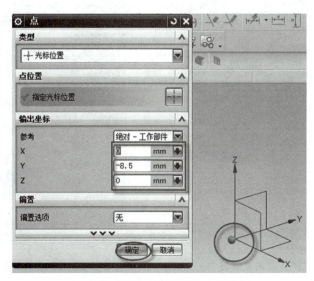

图 5-40 【点】对话框起点坐标设置

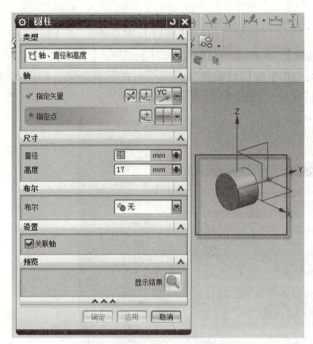

5-9 左摇臂滚轮支架单只建模-s

图 5-41 完成圆柱建模

3. 左摇臂滚轮支架单只建模

左摇臂滚轮支架单只建模采用拉伸工具建模。在【特征】工具条中选择【拉伸】工具，单击【曲线】按钮，进入草图绘制状态，选 XZ 基准面为草图绘制平面，如图 5-42 所示。在【直接草图】工具栏中选择【投影曲线】，单击鼠标选中圆柱棱线，获得圆柱投影曲线草图φ25 mm圆，如图 5-43 所示。

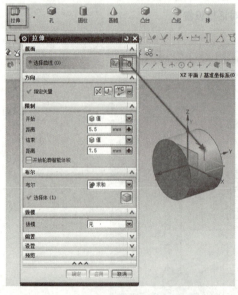

图 5-42 【拉伸】对话框设置

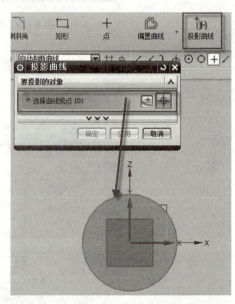

图 5-43 【投影曲线】对话框参数设置

单击【直接草图】→【圆】按钮，采用坐标输入模式。绘制 φ12 mm 圆，圆心先随意设置，使用【尺寸】工具条中的【标注】工具对圆心相对坐标系原点标注尺寸，并将其修改为 X 向 37 mm、Y 向 30 mm，如图 5-44~图 5-46 所示。

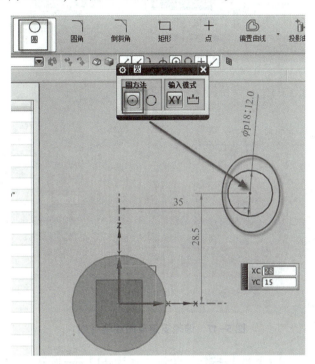

图 5-44　滚轮支架草图绘制（一）

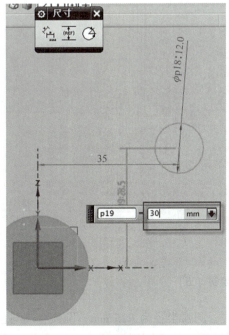

图 5-45　滚轮支架草图绘制（二）

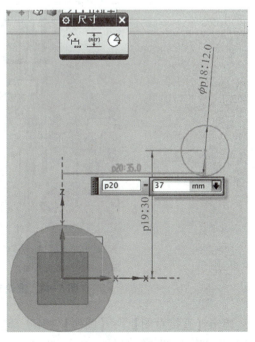

图 5-46　滚轮支架草图绘制（三）

单击【直接草图】→【直线】按钮，绘制直线长度 30 mm，与 X 轴夹角 60°，其中直线一端与圆柱投影的 ϕ25 mm 圆相切，如图 5-47 所示。

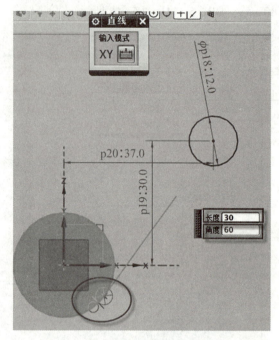

图 5-47　滚轮支架草图绘制（四）

单击【直接草图】→【直线】按钮，绘制直线为 ϕ12 mm 圆和 ϕ25 mm 圆的公切线，绘制过程中切点可自动捕捉，如图 5-48 所示。

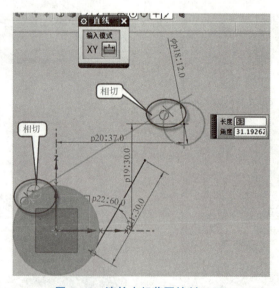

图 5-48　滚轮支架草图绘制（五）

单击【直接草图】→【圆弧】按钮，选三点方式，圆弧半径为 R25 mm，圆弧一端与已绘制 60°直线相切，圆弧另一端点与 ϕ12 mm 圆较近即可，注意圆弧与 ϕ12 mm 圆无交叉，如图 5-49 所示。

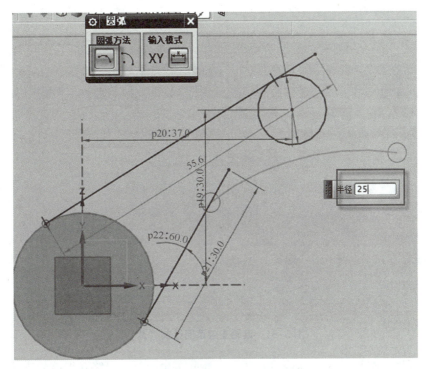

图 5-49　滚轮支架草图绘制（六）

选择【几何约束】→【相切】选项，参数设置：要约束的对象选中半径为 $R25$ mm 圆弧，要约束到的对象选中 $\phi 12$ mm 圆，这样可实现 $\phi 12$ mm 圆和已绘制与 X 轴夹角 60° 直线相切，如图 5-50 和图 5-51 所示。

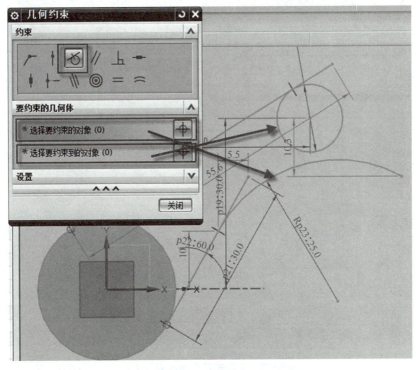

图 5-50　滚轮支架草图绘制（七）

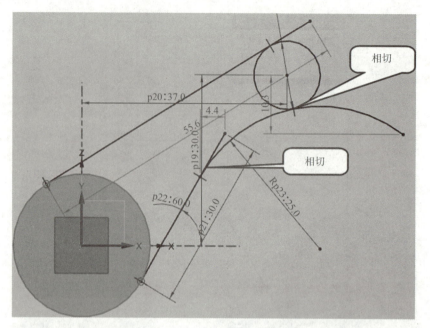

图 5-51 滚轮支架草图绘制（八）

单击【直接草图】→【快速修剪】按钮，删除多余线段，最终获得滚轮支架完整草图，单击【完成草图】按钮进入【拉伸】对话框，如图 5-52~图 5-54 所示。

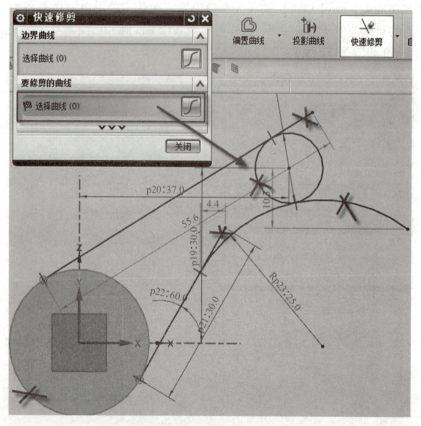

图 5-52 滚轮支架草图绘制（九）

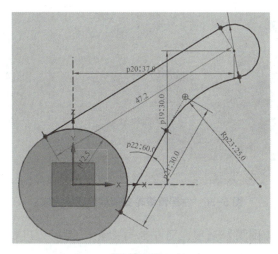

图 5-53 滚轮支架草图绘制(十)

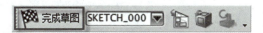

图 5-54 滚轮支架草图绘制(十一)

在【拉伸】对话框中设置参数:【方向】为-YC 轴;设置【限制】中的开始距离为 5.5 mm、结束距离为 7.5 mm;【布尔】为【求和】。单击【应用】按钮后拉伸操作完成,如图 5-55 和图 5-56 所示。

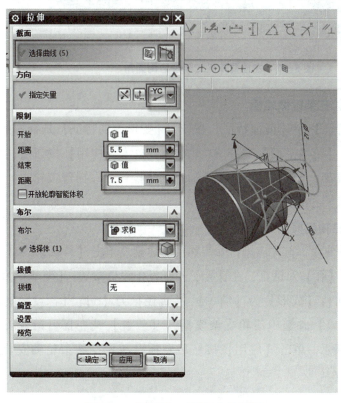

图 5-55 【拉伸】对话框参数设置

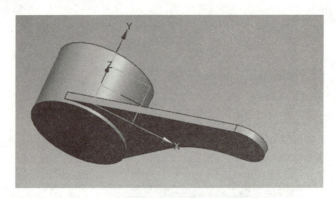

图 5-56　左摇臂滚轮支架单只建模完成

选择【特征】→【边倒圆】选项，对左摇臂滚轮支架棱边进行倒圆角操作，【形状】为【圆形】，【半径1】为 0.8 mm，如图 5-57 所示。

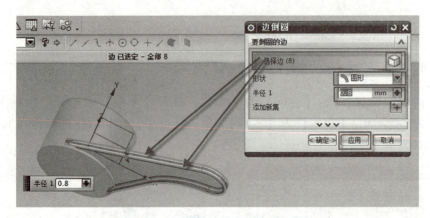

图 5-57　左摇臂滚轮支架棱边倒圆角

5-10　左摇臂滚轮支架镜像建模-s

4. 左摇臂滚轮支架镜像建模

依次单击【特征】→【镜像特征】按钮，【要镜像的特征】选择左摇臂滚轮支架拉伸体和倒圆角特征，【镜像平面】选择 ZX 基准面，单击【应用】按钮后获得另一只滚轮支架，如图 5-58 所示。通过前述操作，左摇臂滚轮支架建模完成，如图 5-59 所示。

5-11　左摇臂滚轮轴建模-s

5. 左摇臂滚轮轴建模

左摇臂滚轮轴建模，首先应进行安装轴孔的建模。单击【特征】→【孔】按钮，弹出【孔】对话框，在【孔】对话框中设置参数：【类型】为【常规孔】；【方向】选【垂直于面】；【成形】为【简单】，【直径】为【5】，【深度限制】为【贯通体】；【布尔】选择【求差】并选中滚轮支架模型；【位置】选左摇臂滚轮支架端部圆心，如图 5-60 和 5-61 所示。单击【应用】按钮后左摇臂滚轮支架滚轮轴安装孔建模完成，如图 5-62 所示。

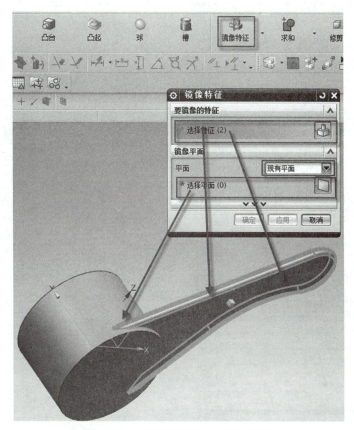

图 5-58 左摇臂滚轮支架镜像操作

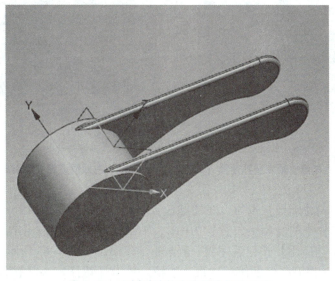

图 5-59 左摇臂滚轮支架镜像操作完成

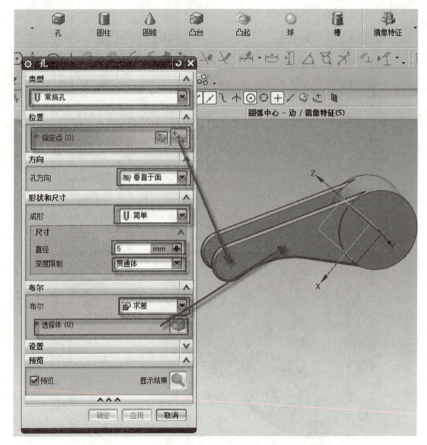

图 5-60 左摇臂滚轮支架滚轮轴安装孔建模（一）

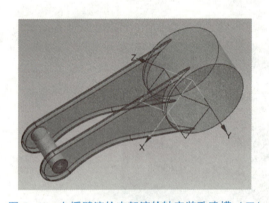

图 5-61 左摇臂滚轮支架滚轮轴安装孔建模（二）

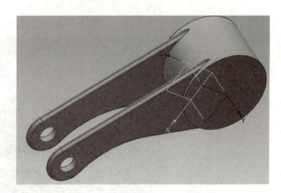

图 5-62 左摇臂滚轮支架滚轮轴安装孔建模完成

单击【特征】→【圆柱】按钮，在【圆柱】对话框中进行参数设置：【类型】为【轴、直径和高度】；【轴】中的【指定矢量】为-YC，轴心为安装孔中心；【直径】为【5】，【高度】为【3】。单击【应用】按钮后完成一侧滚轮轴建模，如图 5-63 所示。

通过镜像操作获得另一侧的滚轮轴最为快捷。单击【特征】→【镜像特征】按钮，弹出【镜像特征】对话框，在【镜像特征】对话框中进行参数设置：【要镜像的特征】选中已绘制一侧的滚轮轴；【镜像平面】选 XZ 基准面，如图 5-64 和图 5-65 所示。

项目五
配气机构的建模

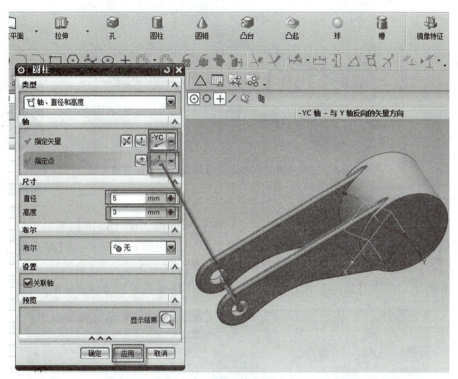

图 5-63　左摇臂滚轮支架滚轮轴端部圆柱特征建模

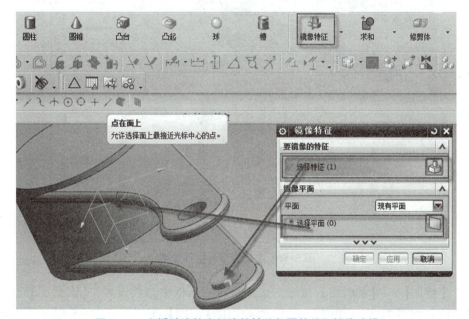

图 5-64　左摇臂滚轮支架滚轮轴端部圆柱特征镜像建模

197

图 5-65 左摇臂滚轮支架滚轮轴端部圆柱特征建模完成

5-12 左摇臂滚轮建模-s

6. 左摇臂滚轮建模

单击【特征】→【拉伸】按钮,弹出【拉伸】对话框,在【拉伸】对话框中进行参数设置:【截面】曲线选择滚轮轴圆柱端面;【开始】中【距离】为 0 mm,【结束】选【直至延伸部分】;【偏置】为【单侧】,【偏置】中【结束】为 4.5 mm。对象选择对面圆柱端面,如图 5-66 所示。单击【应用】按钮后生成如图 5-67 所示直径为 $\phi 14$ mm 的圆柱。

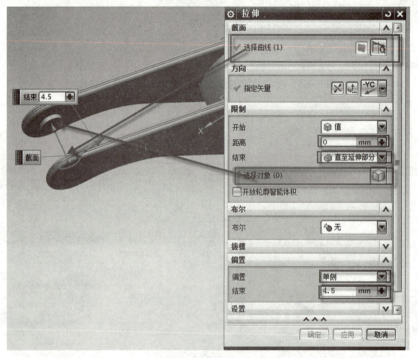

图 5-66 左摇臂滚轮拉伸建模

单击【特征】→【倒斜角】按钮,在倒斜角对话框中参数设置:【横截面】选择【对称】;【距离】设置 1 mm,如图 5-68 所示。单击【应用】按钮后完成滚轮基本结构建模。

单击【特征】→【求和】(或【插入】→【组合】→【求和】)按钮,【目标】选滚轮轴,【工具】选滚轮本身,单击【应用】按钮后滚轮可以形成一个整体,如图 5-69 所示。

项目五
配气机构的建模

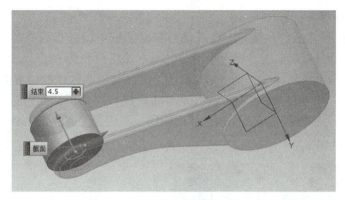

图 5-67 左摇臂滚轮圆柱建模

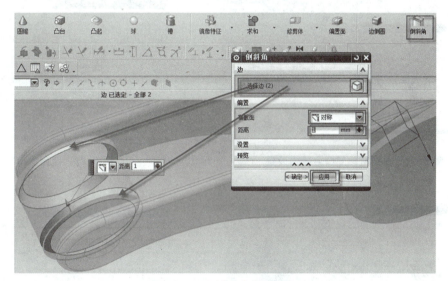

图 5-68 左摇臂滚轮倒斜角

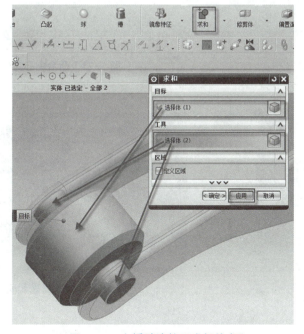

图 5-69 左摇臂滚轮组成部件求和

5-13 左摇臂轴部
建模

7. 左摇臂轴部建模

单击【特征】→【凸台】按钮，在【凸台】对话框中设置参数：对象选择 φ25 mm 圆柱端面，【直径】为 16.5 mm，【高度】为 30 mm，【锥角】为 0°，如图 5-70 所示。单击【应用】按钮生成凸台圆柱体，如图 5-71 所示，但此时该圆柱体的位置并不正确，需要进一步调整。在单击【应用】按钮后，随机弹出【定位】对话框，此时选择【点落在点上】模式（图 5-72），名称选择 φ25 mm 圆柱端面棱线，圆弧位置选圆弧中心，此时凸台圆柱建模完成，如图 5-73~图 5-75 所示。

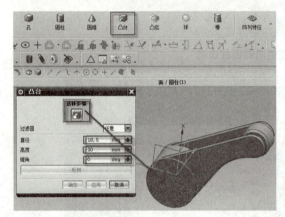

图 5-70 左摇臂轴部凸台建模设置

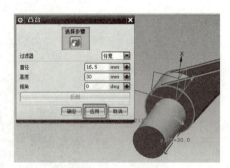

图 5-71 凸台建模

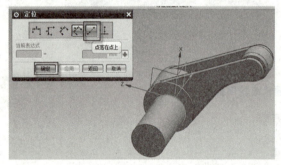

图 5-72 凸台中心定位（一）

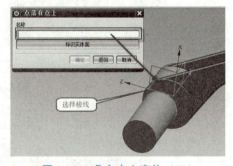

图 5-73 凸台中心定位（二）

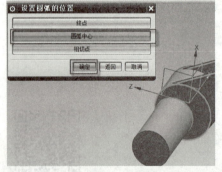

图 5-74 凸台中心定位（三）

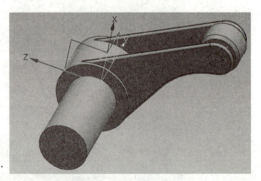

图 5-75 凸台建模完成

在【特征】工具条中单击【拉伸】按钮,在【拉伸】对话框中:【选择曲线(1)】选择凸台棱边,【方向】选择 YC;【开始】中【距离】设为 2 mm,【结束】中【距离】设为 18.5 mm;【布尔】设为【求和】,【选择体】选择凸台;【偏置】设置为【两侧】,【开始】为 0 mm,【结束】为 4.25 mm,如图 5-76 所示。单击【应用】按钮后拉伸特征建模完成。

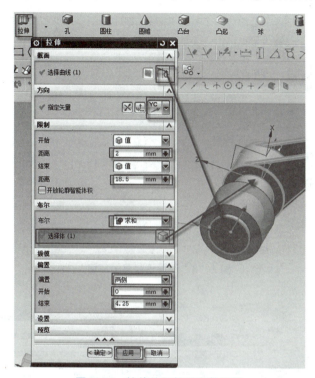

图 5-76 拉伸特征偏置参数配置

单击【特征】工具条中【倒斜角】按钮,弹出【倒斜角】对话框,在【倒斜角】对话框中按如图 5-77 所示选择对象和设置参数,【横截面】选择【对称】,【距离】为 1 mm。

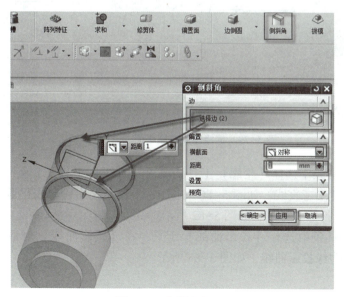

图 5-77 倒斜角操作

5-14 左摇臂气门支臂草图绘制-s

8. 左摇臂气门支臂草图绘制

在菜单栏中单击【插入】→【在任务环境中绘制草图】按钮，如图 5-78 所示。在【创建草图】对话框中设置参数：【草图平面】选择 XZ 基准面，【草图方向】选为【竖直】。设置后进入草图绘制界面，开始绘制草图，如图 5-79 所示。

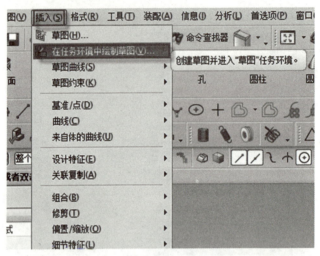

图 5-78 设置绘制草图环境

图 5-79 选择绘制草图平面

在【直接草图】工具条中选择【轮廓】工具，使用【直线】工具，【输入模式】选择坐标输入模式，绘制位置参考直线，如图 5-80 和图 5-81 所示。右键单击已画直线，选择【转换为参考】将直线转换为参考线，如图 5-82 所示。

在【快捷草图】工具条中选择【投影曲线】工具，在【投影曲线】对话框中设置参数，提取已画圆柱部分边缘投影曲线，如图 5-83 所示。

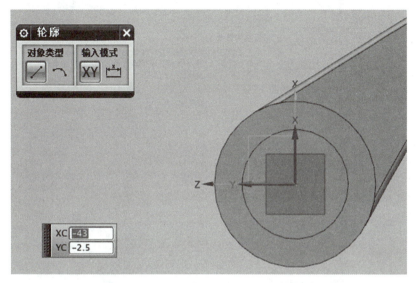

图 5-80 应用轮廓工具绘制辅助线（一）

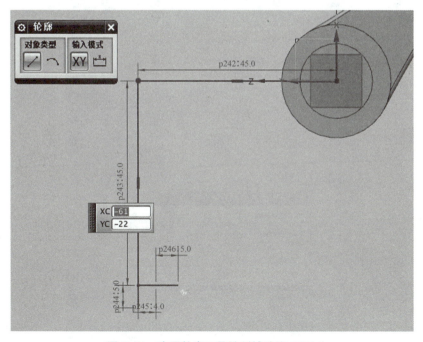

图 5-81 应用轮廓工具绘制辅助线（二）

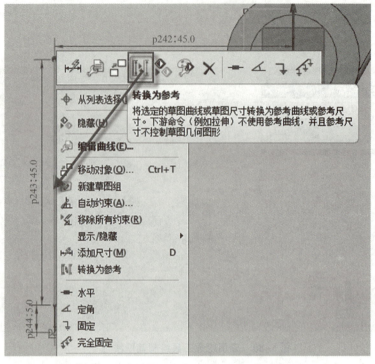

图 5-82　应用轮廓工具绘制辅助线（三）

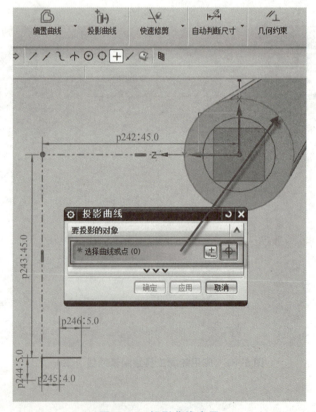

图 5-83　投影曲线应用

在【快捷草图】工具条中选取【直线】工具,绘制与 X 轴夹角为 -130° 的直线。在【几何约束】对话框中选择【相切约束】选项,要约束的对象选中直线,要约束到的对象选中投影的圆形,实现直线与圆的相切,如图 5-84~图 5-86 所示。

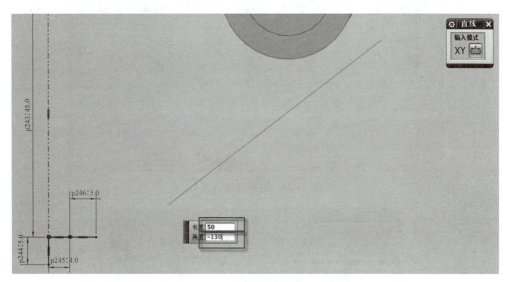

图 5-84　绘制切线(一)

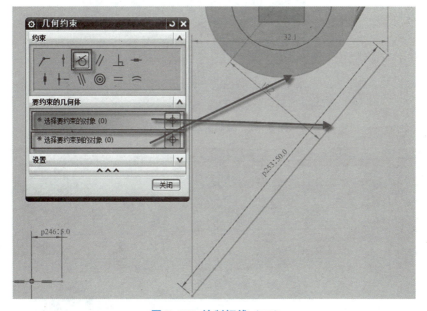

图 5-85　绘制切线(二)

在【快捷草图】工具条中选取【圆弧】工具,采用三点定弧方法画圆弧,半径为 R25 mm,【输入模式】为参数输入模式,如图 5-87 所示。选中直线,右键单击,在弹出的菜单中选择【固定】选项,将直线固定不动,如图 5-88 所示。

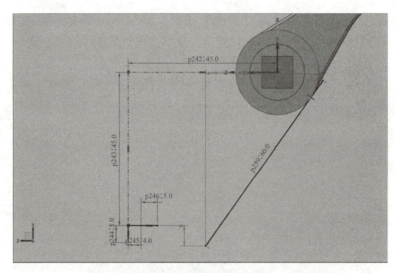

图 5-86 绘制切线（三）

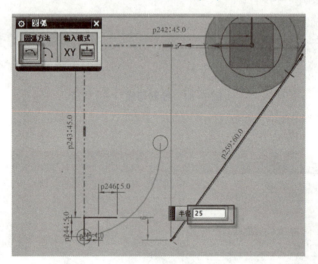

图 5-87 绘制 R25 mm 圆弧

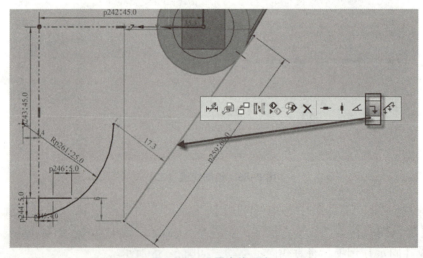

图 5-88 设置直线固定

在【几何约束】对话框中选择【相切】选项,要约束的对象为 R25 mm 圆弧,要约束到的对象为固定直线,实现圆弧与直线的相切,如图 5-89 所示。

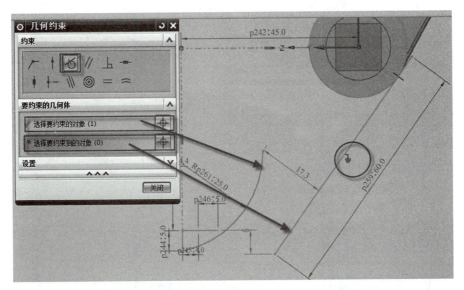

图 5-89 直线与圆弧相切

在【快捷草图】工具条选取【直线】工具,直线的一个端点在 R25 mm 圆弧的圆心上,另一端在 R25 mm 圆弧与固定直线的切点上,这时所画直线与固定直线垂直,如图 5-90 所示。

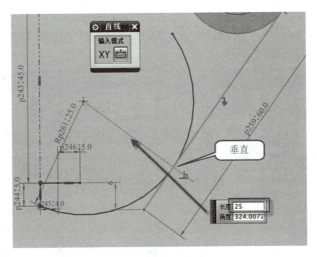

图 5-90 绘制垂线

按照图 5-91 和图 5-92 所示的方法,绘制 R14 mm 圆弧和直线。

在【直接草图】工具条中选择【快速修剪】工具,将草图中多余的线段删除,如图 5-93 所示。经过前述步骤绘制完成气门支臂的草图,单击【完成草图】按钮结束草图绘制,如图 5-94 和图 5-95 所示。

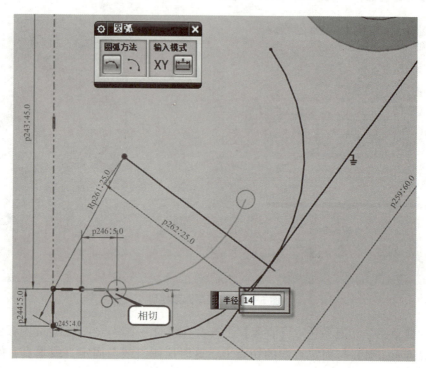

图 5-91 绘制 $R14$ mm 圆弧

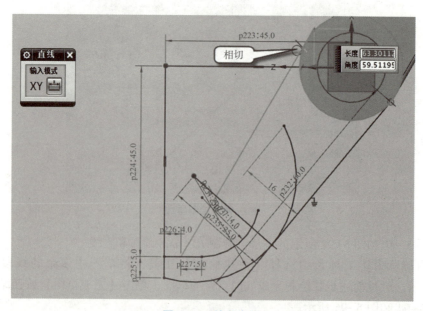

图 5-92 绘制直线

项目五
配气机构的建模

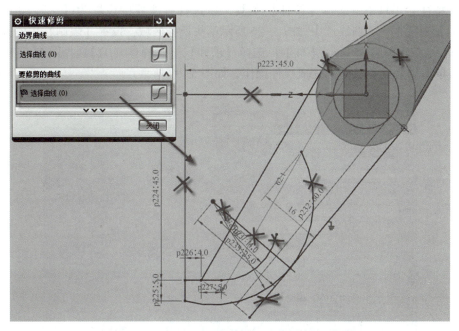

图 5-93 使用【快速修剪】工具删除多余线段

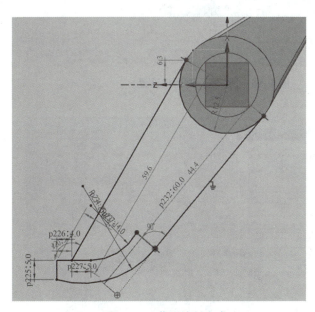

图 5-94 草图绘制完成

图 5-95 单击【完成草图】按钮

5-15 左摇臂气门
支臂建模-s

209

9. 左摇臂气门支臂建模

在【特征】工具条中选择【拉伸】工具,在选择过滤器中设置为【区域边界曲线】。在【拉伸】对话框中,曲线选中如图 5-96 所示箭头所指区域,设置【限制】中的开始距离为32 mm、结束距离为35 mm;【布尔】选择【求和】,【选择体(0)】选择图 5-96 中箭头所指位置。单击【应用】按钮,完成拉伸操作,如图 5-97 所示。

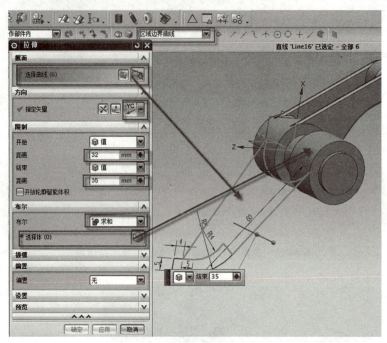

图 5-96 【拉伸】对话框设置

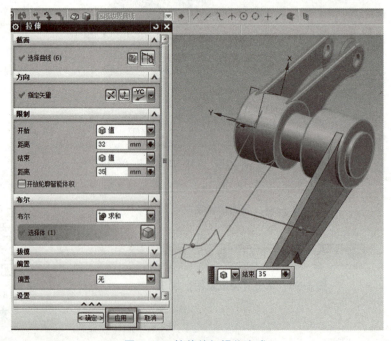

图 5-97 拉伸特征操作完成

在【特征】工具条选中【拉伸】工具。在【拉伸】对话框中，曲线选中如图 5-98 所示箭头所指区域，设置【限制】中的开始距离为 32 mm、结束距离为 47 mm；【布尔】选择【求和】，【选择体（0）】选中图 5-98 中箭头所指位置。单击【应用】按钮，完成拉伸操作，如图 5-99 所示。

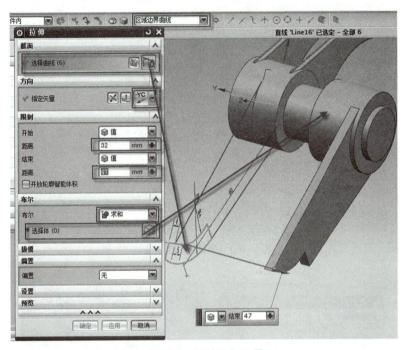

图 5-98　拉伸特征设置

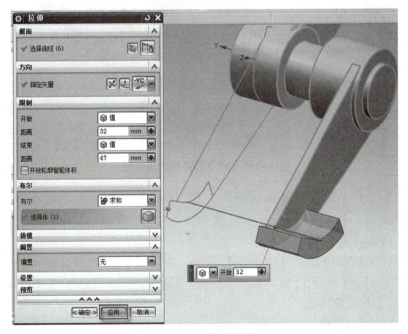

图 5-99　拉伸完成

在【特征】工具条中选择【边倒圆】工具，在【边倒圆】对话框中进行参数设置：【形状】为【圆形】，【半径1】为 7.5 mm，要倒圆的边选中图 5-100 中箭头所指棱边。单击【应用】按钮后生成圆角特征，如图 5-101 所示。

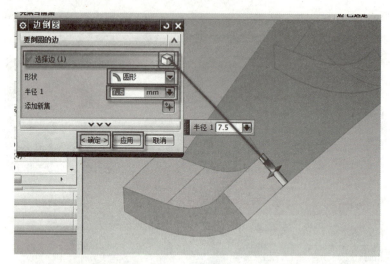

图 5-100　倒圆角 *R*7.5 mm

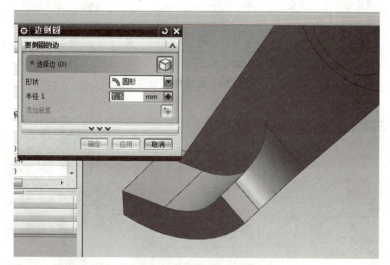

图 5-101　*R*7.5 mm 倒圆角完成

在【特征】工具条中选择【边倒圆】工具，在【边倒圆】对话框中进行参数设置：【形状】为【圆形】，【半径1】为 1 mm，要倒圆的边选中图 5-102 中箭头所指 3 个棱边。单击【应用】按钮后生成圆角特征。

在【特征】工具条中选择【边倒圆】工具，在【边倒圆】对话框中进行参数设置：【形状】为【圆形】，【半径1】为 4 mm，要倒圆的边选中图 5-103 中箭头所指棱边。单击【应用】按钮后生成圆角特征。

在【特征】工具条中选择【边倒圆】工具，在【边倒圆】对话框中进行参数设置：【形状】为【圆形】，【半径1】为 0.8 mm，要倒圆的边选中图 5-104 中所示气门支臂所有棱边。单击

项目五
配气机构的建模

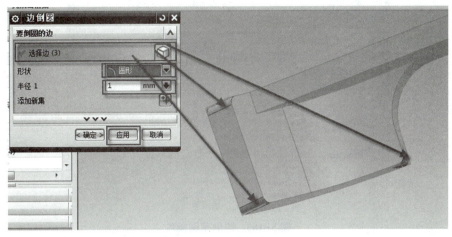

图 5-102　倒圆角 $R1$ mm

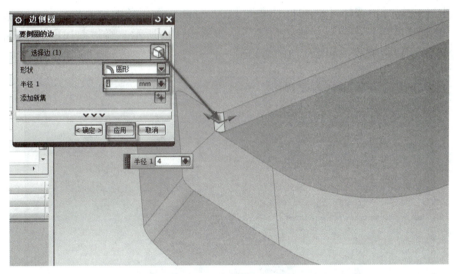

图 5-103　倒圆角 $R4$ mm

【应用】按钮后生成圆角特征。此时，左摇臂气门支臂建模完成。鼠标右键单击气门支臂草图，在右键菜单中选择【隐藏】选项，如图 5-105 所示。

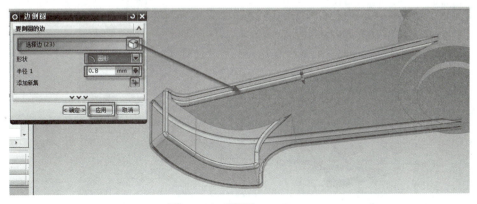

图 5-104　倒圆角 $R0.8$ mm

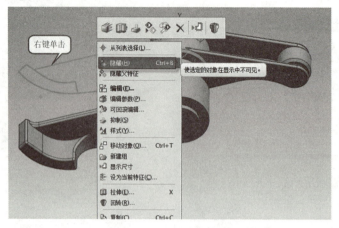

图 5-105　隐藏草图操作

在【特征】工具条中选择【倒斜角】工具，在【倒斜角】对话框中进行参数设置：【偏置】中【横截面】选择【对称】，【距离】为 1 mm。倒斜角的边选中滚轮支架根部圆柱的边缘。单击【应用】按钮后生成斜角特征，如图 5-106 所示。经过前述所有步骤的操作，左摇臂全部结构建模完成，如图 5-107 所示。

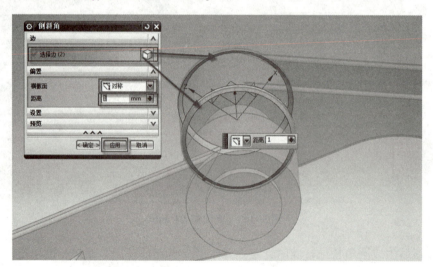

图 5-106　倒斜角 1 mm

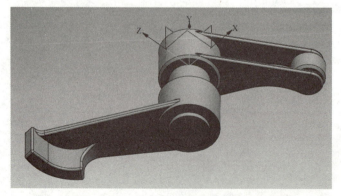

图 5-107　左摇臂建模完成

5.4.3 创建右摇臂具体操作步骤

1. 创建右摇臂文件和组件添加。

在菜单栏中单击【新建】按钮,在【新建】对话框中进行如图5-108所示设置,完成模型文件新建操作。注意模板类型选择【装配】。

5-16 右摇臂文件新建和组件添加-s

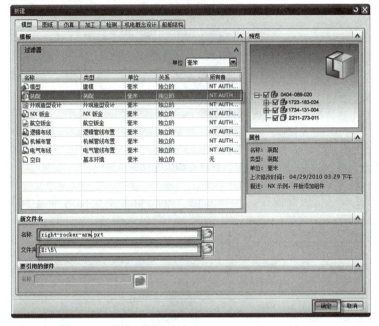

图5-108 模型文件新建设置

在【添加组件】对话框中,单击【打开】文件按钮,选择已有模型文件left_rocker_arm1.prt,如图5-109~图5-111所示。此时,左摇臂模型显示在软件工作区内。

图5-109 添加组件对话框

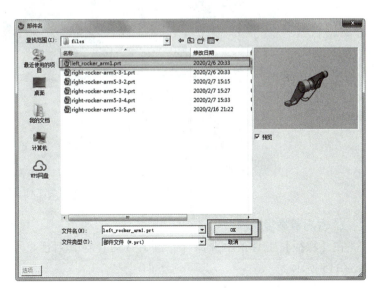

图5-110 添加选择已有模型文件

215

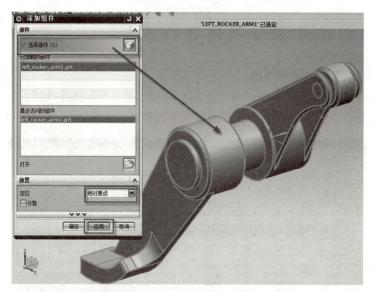

图 5-111　在原点添加左摇臂组件

单击鼠标左键选中左摇臂模型，单击右键，并在右键菜单中选择【设为工作部件】选项，如图 5-112 所示。

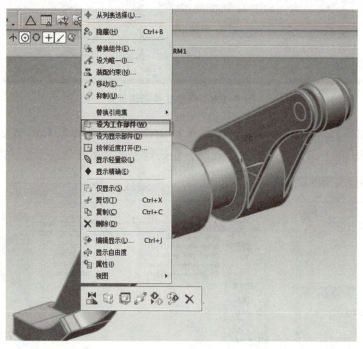

图 5-112　将左摇臂模型设置为工作部件

5-17　右摇臂镜像建模-s

2. 右摇臂镜像建模

在【特征】工具条中选择【基准 CSYS】，在其对话框中设置动态类型，如图 5-113～图 5-115 所示。

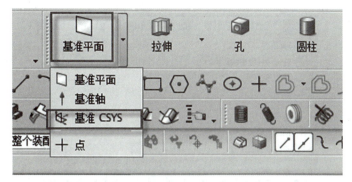

图 5-113 打开【基准 CSYS】

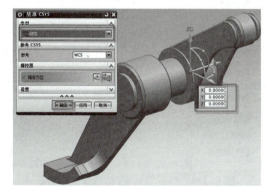

图 5-114 在【基准 CSYS】对话框中进行参数设置

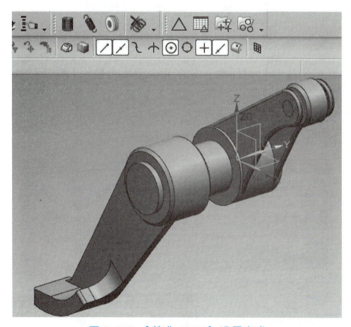

图 5-115 【基准 CSYS】设置完成

在【装配】工具条中显示【WAVE 几何链接器】,单击【插入】→【关联复制】→【WAVE 几何链接器】按钮,如图 5-116 和图 5-117 所示。

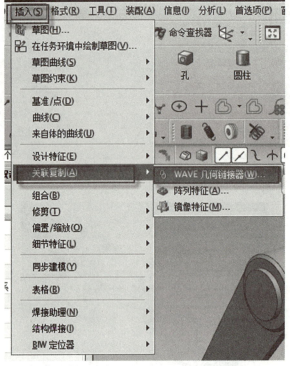

图 5-116 打开【WAVE 几何链接器】

图 5-117 在【装配】工具条中显示【WAVE 几何链接器】

打开【WAVE 几何链接器】对话框，并在其中设置参数：【类型】选择【镜像体】，去掉关联；镜像对象选左摇臂 3 个部分；【镜像平面】选 ZY 基准面，如图 5-118 所示。设置完毕后，单击【应用】按钮，生成镜像模型，如图 5-119 所示。鼠标选中左摇臂所有部件，按键盘 Delete 键删除，只保留镜像体，如图 5-120 所示。

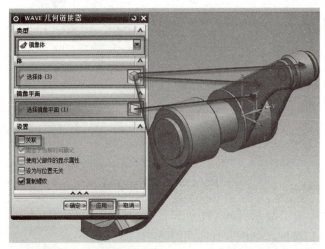

图 5-118 在【WAVE 几何链接器】对话框中设置参数

项目五
配气机构的建模

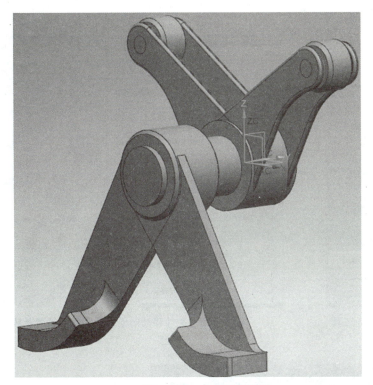

图 5-119　生成镜像模型

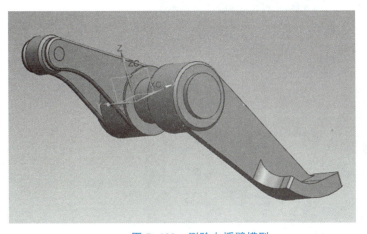

图 5-120　删除左摇臂模型

5-18　右摇臂部分
结构移动修改-s

3. 右摇臂部分结构移动修改

打开【移动对象】工具，如图 5-121 所示，单击【编辑】→【移动对象】按钮，在【移动对象】对话框中设置参数：去掉移动父项，选择关联；【距离】为 20 mm，【指定矢量】为-YC方向，如图 5-122 所示。选中如图 5-122 所示模型部分，单击【应用】按钮后实现该部分移动。移动后形态如图 5-123 所示。

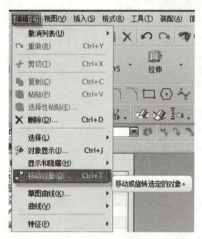

图 5-121　打开【移动对象】工具

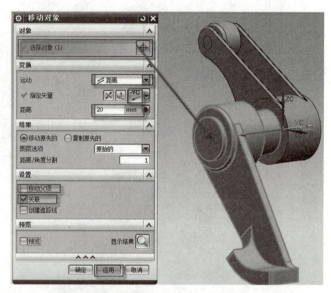

图 5-122　在【移动对象】对话框中设置参数

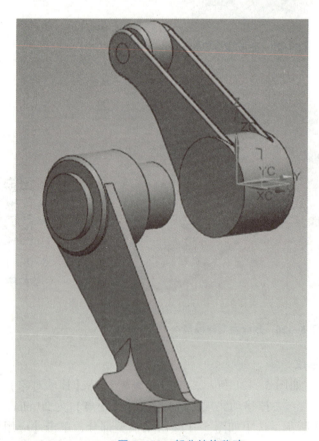

图 5-123　部分结构移动

5-19　右摇臂轴
延长操作-s

4. 右摇臂轴延长操作

打开【偏置面】工具，单击【插入】→【偏置/缩放】→【偏置面】按钮，如图 5-124 所示。在【偏置面】对话框中选中要偏置的面，【距离】为 20 mm，如图 5-125 所示。单击【应用】按钮，实现轴的延长操作，如图 5-126 所示。

图 5-124　打开【偏置面】工具

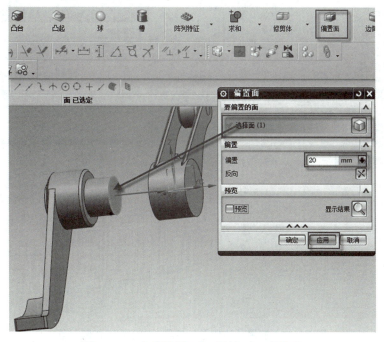

图 5-125　在【偏置面】对话框中设置参数

5-20 右摇臂轴倒
圆角操作-s

图 5-126 完成轴的延长操作

5. 右摇臂轴倒圆角操作

在【特征】工具条中选择【边倒圆】工具,弹出【边倒圆】对话框,在【边倒圆】对话框中设置参数,选中如图 5-127 所示棱线,【形状】选择【圆形】,【半径 1】为 0.8 mm。单击【应用】按钮,实现右摇臂倒圆角,如图 5-128 所示。

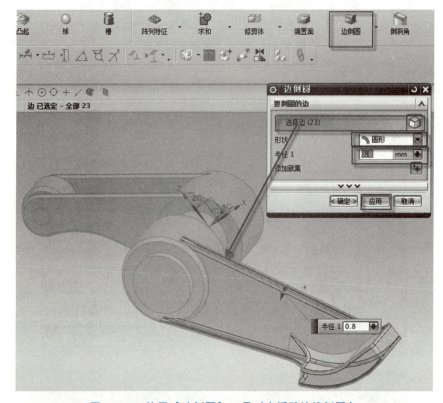

图 5-127 使用【边倒圆】工具对右摇臂棱线倒圆角

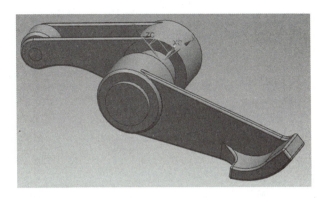

图 5-128　完成右摇臂建模

5.4.4　创建气门具体操作步骤

5-21　气门新建文件-s

1. 创建气门模型文件

在菜单栏中选择【新建】按钮，在【新建】对话框中进行如图 5-129 所示设置，完成模型文件新建操作，然后右键单击【基准坐标系】，选择【显示】选项，如图 5-130 所示。

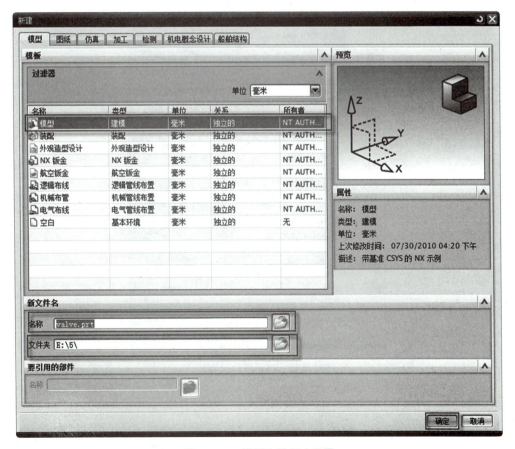

图 5-129　模型文件新建设置

汽车零部件三维造型技术

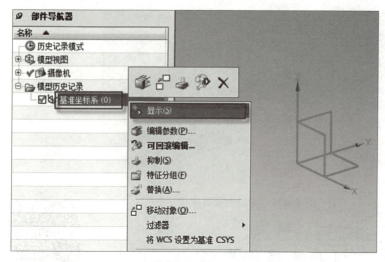

图 5-130　标准坐标系显示操作

5-22　气门杆主体
圆柱建模-s

2. 气门杆主体圆柱建模

在【特征】工具条中单击【圆柱】按钮，弹出【圆柱】对话框，按图 5-131 所示进行设置。

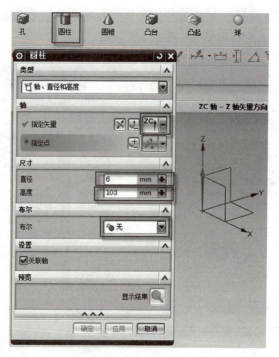

图 5-131　圆柱建模设置操作

按图 5-132 和图 5-133 所示进行轴的起点参数设置。

3. 气门杆上部开槽

在【特征】工具条中选择【槽】工具，并在对话框中选择【球形端槽】类型，如图 5-134 所示。当出现如图 5-135 所示对话框时，用鼠标单击圆柱外柱面选择开槽的表面。

项目五
配气机构的建模

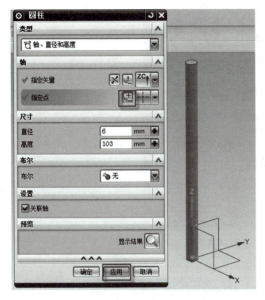

图 5-132 轴参数指定点设置

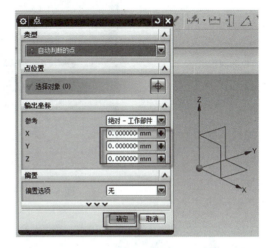

图 5-133 使用【点】对话框进行起点设置

5-23 气门杆上部开槽-s

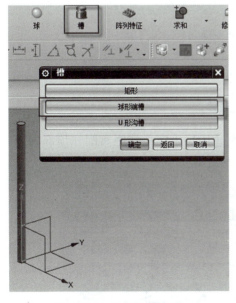

图 5-134 选择开槽类型

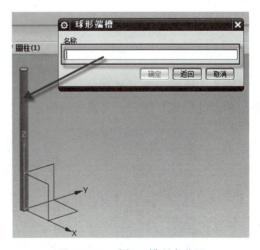

图 5-135 选择开槽所在曲面

在如图 5-136 所示的对话框中,【槽直径】输入【4】,【球直径】输入【2】,并单击【确定】按钮。在【定位槽】对话框出现时,使用鼠标先选中圆柱顶部棱线,后选中剪切用大圆盘顶部棱线并单击【确定】按钮,如图 5-137 所示。

225

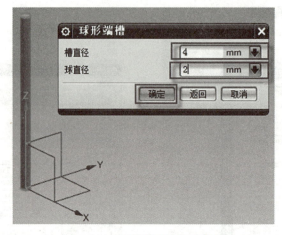

图 5-136 设置槽直径和球直径

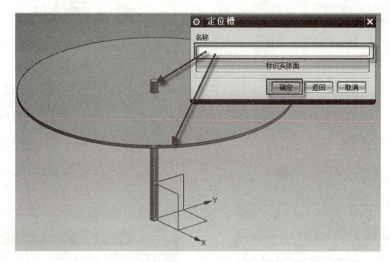

图 5-137 定位槽设置

图 5-138 所示为【创建表达式】对话框,输入【10】来定位槽距离圆柱顶部的距离,然后单击【确定】按钮,完成槽的创建,如图 5-139 所示。

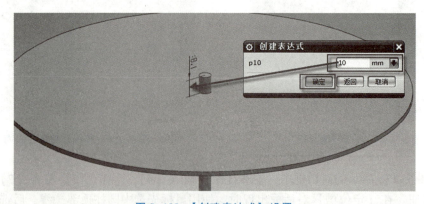

图 5-138 【创建表达式】设置

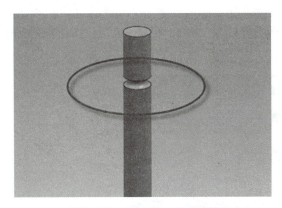

图 5-139　创建单一球面端槽完成

5-24　气门杆槽
阵列建模-s

4. 气门杆上槽阵列

气门杆上有 4 道槽，在完成单一槽的创建后应采用阵列工具复制其他槽特征。在【特征】工具条中单击【阵列特征】按钮，按图 5-140 所示在对话框中进行阵列参数设置：选择槽，线性，单一方向阵列。

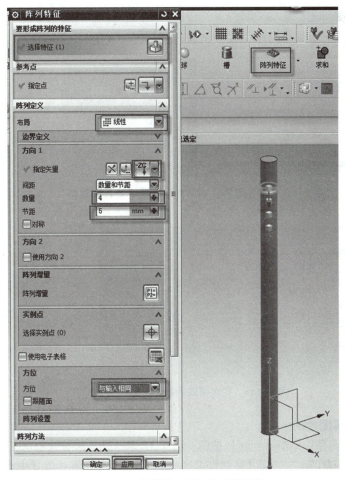

图 5-140　使用阵列特征复制槽特征

如图 5-141 所示选择最后一个实例方点，右键单击，选择【旋转】选项。在如图 5-142 所示【旋转】对话框中设置【旋转增量】为 3 mm。单击【确定】按钮，完成槽阵列操作，如图 5-143 所示。

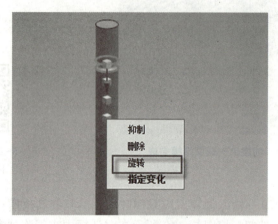

图 5-141　右键菜单设置旋转功能

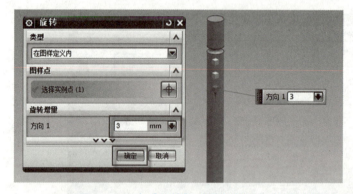

图 5-142　在【旋转】对话框中设置【旋转增量】

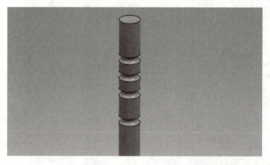

图 5-143　完成槽阵列操作

5-25　气门头部
草图绘制-s

5. 气门头部草图绘制

在【特征】工具条中单击【回转】按钮，选择 XZ 基准面并准备绘制草图，如图 5-144 所示。如图 5-145 所示绘制草图，先使用【轮廓】工具绘制直线，再使用圆弧以【中心和端点定圆弧】方式绘制 $R100$ mm 圆弧和【以三点定圆弧】方式绘制 $R75$ mm 圆弧，如图 5-146~图 5-148 所示。

图 5-144 使用【回转】特征绘制气门头部草图

图 5-145 使用【轮廓】工具绘制草图

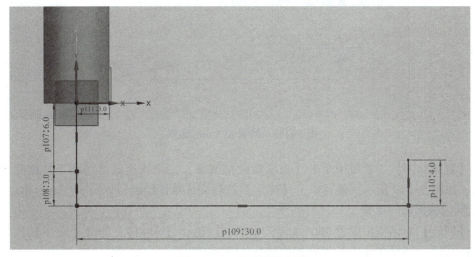

图 5-146 绘制草图直线

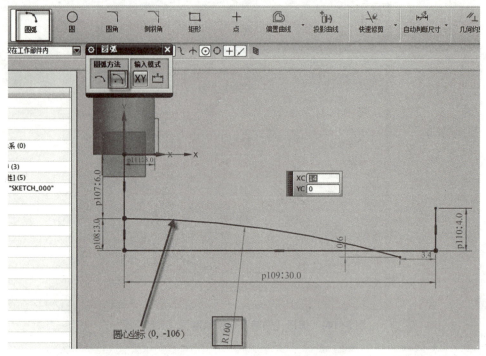

图 5-147 绘制 R100 mm 圆弧

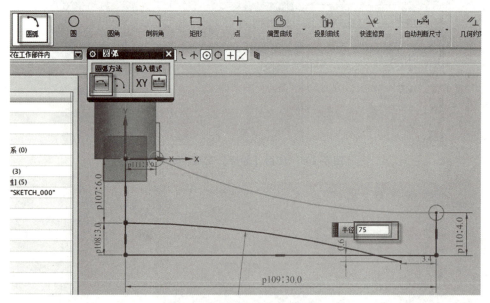

图 5-148 绘制 R75 mm 圆弧

在【直接草图】工具条中单击【快速修剪】按钮，使用快速修剪草图工具删除多余草图曲线，如图 5-149 所示。最后单击【确定】按钮完成草图绘制，如图 5-150 所示。

6. 气门头部回转建模

在【回转】对话框中设置 360° 回转，【布尔】选择【求和】，单击【应用】按钮，如图 5-151 所示。同时在【点】对话框中进行旋转轴起点设置，如图 5-152 所示。

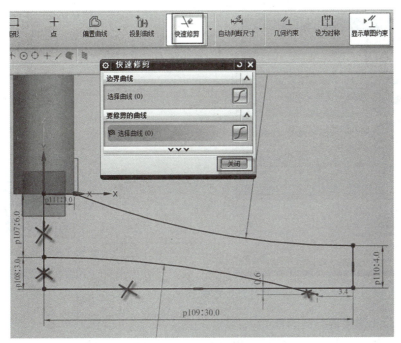

图 5-149 使用快速修剪草图工具删除多余草图曲线

图 5-150 完成草图绘制

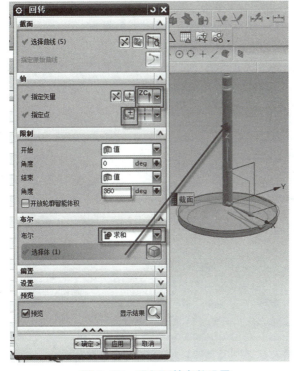

图 5-151 进行回转参数设置

5-26 气门头部
回转建模-s

图 5-152 在【点】对话框中进行旋转轴起点设置

5-27 气门杆和气门头部
结合部倒圆角建模-s

7. 气门杆和气门头部接合部倒圆角

在【特征】工具条中单击【边倒圆】按钮,对气门杆和气门头部接合部棱边进行倒圆角,如图 5-153 所示。如图 5-154 所示,在【边倒圆】对话框中设置参数,【形状】为【圆形】,【半径 1】为 4 mm,单击【确定】按钮完成边倒圆特征建模,如图 5-155 所示。

图 5-153 使用【边倒圆】工具进行倒圆操作

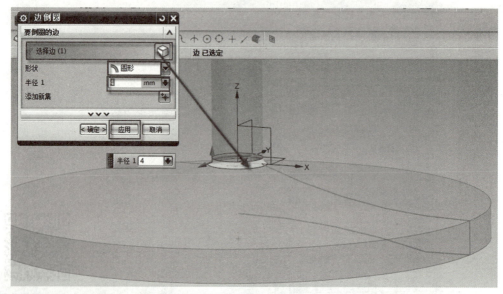

图 5-154 在【边倒圆】对话框中设置参数

项目五
配气机构的建模

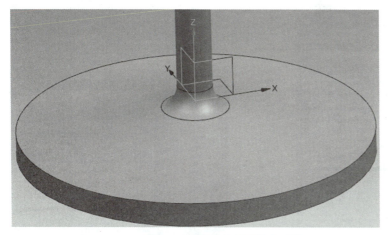

图 5-155 完成边倒圆特征建模

5-28 气门头部和
气门杆倒斜角建模-s

8. 气门头部和气门杆倒斜角

在【特征】工具条中单击【倒斜角】按钮,对气门头部上边缘倒斜角。按图 5-156 所示进行设置,选中气门头部上边缘棱线,【横截面】设置为【非对称】,【距离 1】为 4.5 mm,【距离 2】为 1.5 mm,单击【应用】按钮。

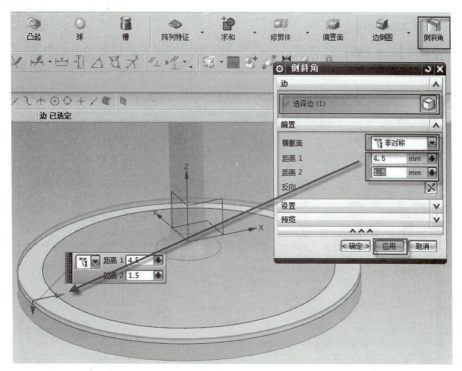

图 5-156 使用【倒斜角】工具对气门头部上边缘倒斜角

如图 5-157 所示对气门杆上边缘倒斜角。选择气门杆上边缘棱线,【横截面】设置为【对称】,【距离】为 1 mm,单击【应用】按钮完成气门杆上边缘倒斜角特征建模,如图 5-158 所示。

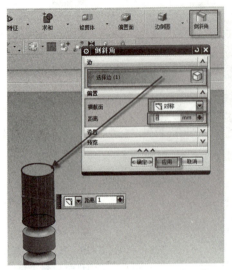

图 5-157 使用【倒斜角】工具对气门杆上边缘倒斜角

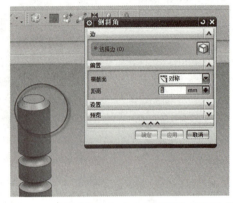

图 5-158 完成气门杆上边缘倒斜角特征建模

5.4.5 创建气门导管具体操作步骤

1. 创建气门导管模型文件

单击【文件】→【新建】按钮,如图 5-159 所示,设置文件类型、文件名和保存目录。

5-29 气门导管文件新建-s

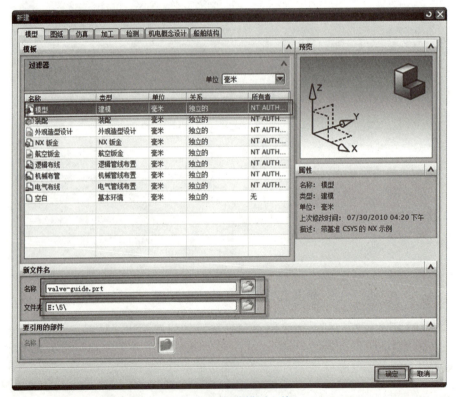

图 5-159 新建模型文件

然后在【部件导航器】中找到【基准坐标系】，右键单击，在右键菜单中选择【显示】选项，如图5-160所示。

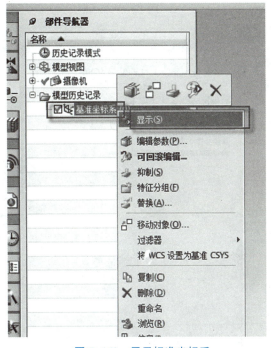

图5-160 显示标准坐标系

5-30 气门导管中部草图绘制-s

2. 气门导管中部草图绘制

首先，在【特征】工具条中单击【回转】按钮，弹出【回转】对话框，单击【曲线】按钮，并选择 XZ 平面作为绘制草图的平面，如图5-161所示。

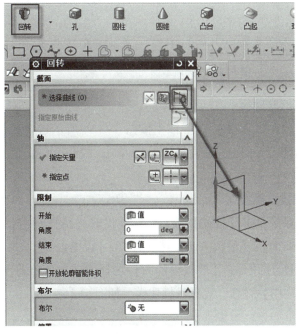

图5-161 回转建模选择草图平面

235

然后在【直接草图】工具条中选择【轮廓】工具,在【轮廓】对话框中选择直线、坐标模式。按图 5-162 所示图形从原点开始绘制草图,绘制结束后单击【完成草图】按钮退出草图绘制,如图 5-163 所示。

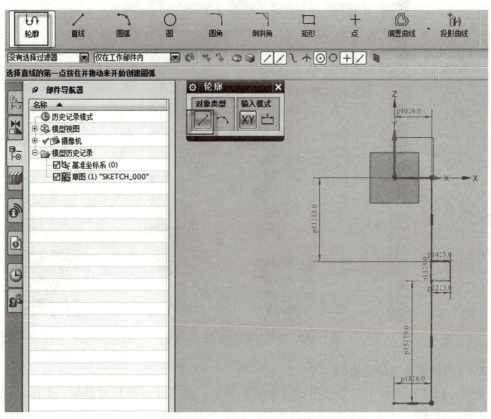

图 5-162 绘制草图

图 5-163 完成草图

5-31 气门导管中部回转建模-s

3. 气门导管中部回转建模

完成草图绘制后,在【回转】对话框中按图 5-164 所示进行设置,并在如图 5-165 所示【点】对话框中设置原点。设置结束后,单击【应用】按钮,完成回转建模,如图 5-166 所示。

4. 气门导管上部拔模建模

在【特征】工具条中单击【拔模】按钮,在弹出的【拔模】对话框中进行设置:【类型】选【从平面或曲面】;【脱模方向】选 ZC;在【拔模参考】中,【拔模方法】选【固定面】,用鼠标单击回转体顶部;【要拔模的面】选择圆柱上部外曲面,如图 5-167 所示。设置完成后,单击【应用】按钮,完成拔模建模,如图 5-168 所示。

项目五
配气机构的建模

图 5-164 回转参数设置

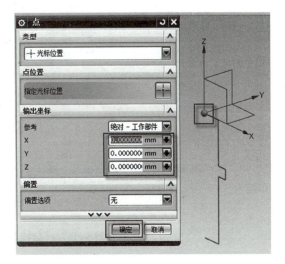

图 5-165 【点】对话框设置原点

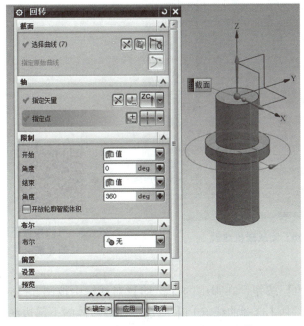

图 5-166 完成回转结构建模

5-32 气门导管上部
拔模建模-s

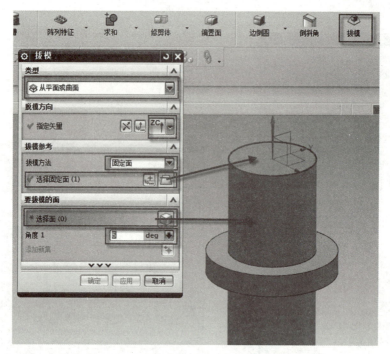

图 5-167 【拔模】对话框设置

图 5-168 完成拔模建模

5-33 气门导管下部
拉伸建模-s

5. 气门导管下部拉伸建模

在【特征】工具条中单击【拉伸】按钮，在弹出的【拉伸】对话框中按图 5-169 所示进行设置：需要注意的是在【截面】中【选择曲线（1）】应选中部回转体的下部边缘；【布尔】选【求和】；【拔模】中【角度】为 6°。设置完成后单击【应用】按钮。

238

项目五
配气机构的建模

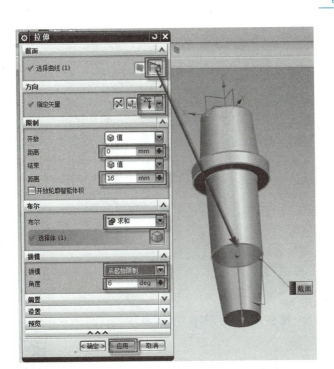

图 5-169 气门导管下部拉伸建模设置

5-34 气门导管
通孔建模-s

6. 气门导管通孔建模

在【特征】工具条中单击【孔】按钮,在弹出的【孔】对话框中按图 5-170 所示方式设置,其中应注意的是在【位置】中的【指定点(1)】应使用鼠标自动捕捉气门导管上端面圆点;此外在【布尔】选项中选【求差】,【选择体(1)】应用鼠标单击气门导管外圆面。图 5-171 所示为气门导管建模完成状态。

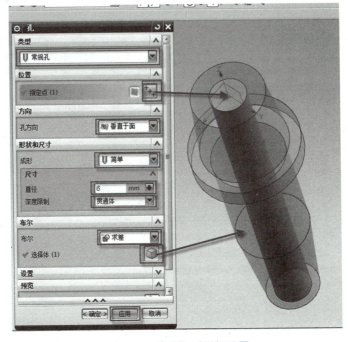

图 5-170 【孔】对话框设置

239

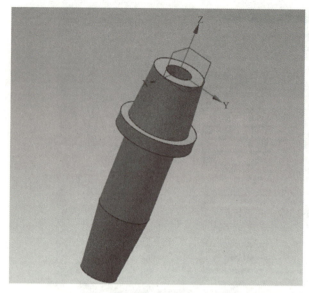

图 5-171 气门导管完成建模

5.4.6 创建配气机构装配的具体操作步骤

1. 创建配气机构装配文件

在菜单栏中单击【新建】按钮,在【新建】对话框进行如图 5-172 所示设置,完成模型文件新建操作,注意模板类型选择【装配】。图 5-173 所示为设定基准坐标系。

5-35 配气机构装配文件新建-s

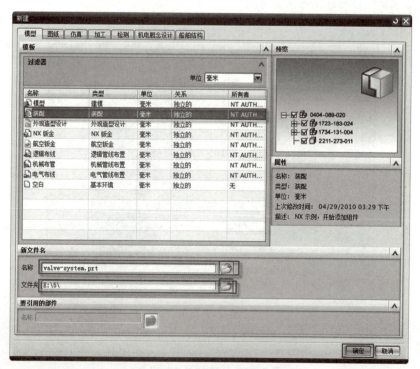

图 5-172 创建模型文件

图 5-173 设定基准 CSYS 坐标系

打开【添加组件】对话框，单击【装配】→【组件】→【添加组件】按钮，选取 5 个模型文件添加到软件工作区，如图 5-174 和图 5-175 所示。

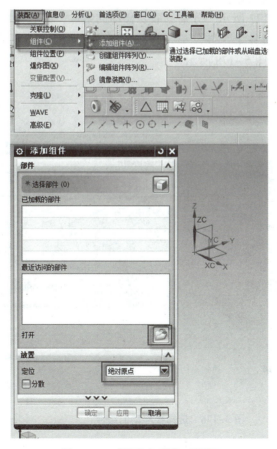

图 5-174 【添加组件】对话框

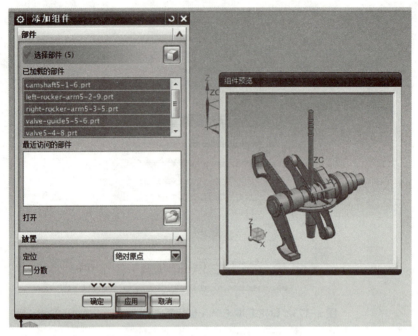

图 5-175 添加所有已有相关模型

2. 配气机构装配组件移动操作

如图 5-176 和图 5-177 所示,分别选取要移动的组件,然后用鼠标拖动组件到合适位置,使各个组件分离,参数设置为【动态】、【不复制】。分离放置的组件如图 5-178 所示。

5-36 配气机构装配组件移动操作

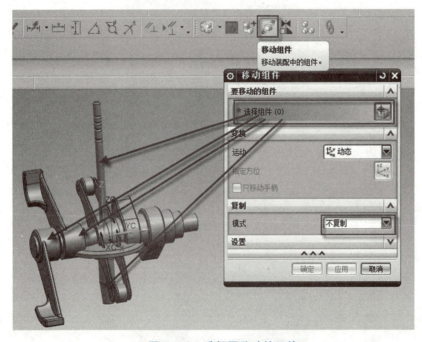

图 5-176 选择要移动的组件

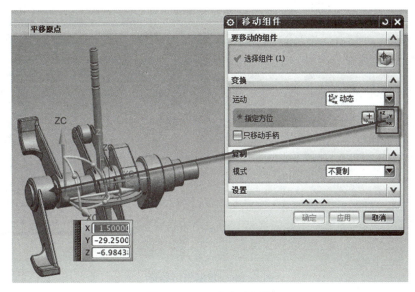

图 5-177 逐个移动组件

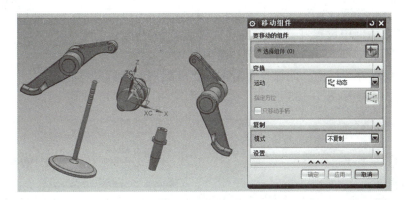

图 5-178 各个组件分离放置

在【移动组件】对话框中设置【运动】为【动态】,【模式】为【复制】,并用鼠标左键拖动气门组件复制一个气门,如图 5-179 所示。采用相同操作,再复制一个气门导管,如图 5-180 所示。

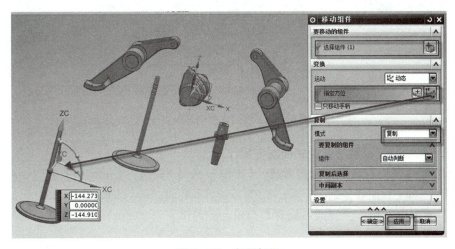

图 5-179 复制气门

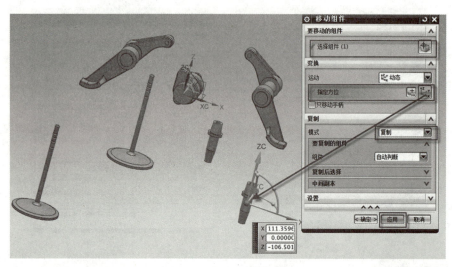

图 5-180　复制气门导管

3. 配气机构装配气门部分装配操作

气门与气门导管进行装配，在【装配】工具条中单击【装配约束】按钮，在对话框中设置【类型】为【接触对齐】，【方位】选【自动判定中心】，如图 5-181 所示。选择对象时先选气门导管外圆柱面，再选气门杆外圆柱面。此操作重复两次，装配两套气门和气门导管，如图 5-182 和图 5-183 所示。

5-37　配气机构装配气门部分装配操作-s

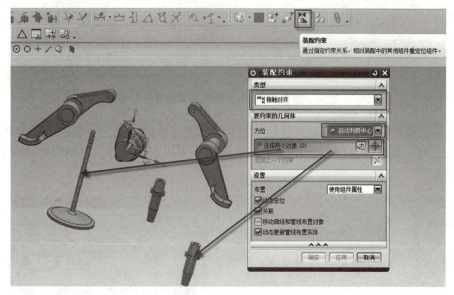

图 5-181　气门与气门导管装配

4. 配气机构装配摇臂与凸轮轴向对齐操作

在【装配约束】对话框中设置参数：【类型】选【中心】，【子类型】选【2 对 2】，先选左摇臂对应两个面 1、2，再选凸轮对应的两侧面 3、4，如图 5-184 所示。参照图 5-185，重复上述操作，完成右摇臂与凸轮装配约束。

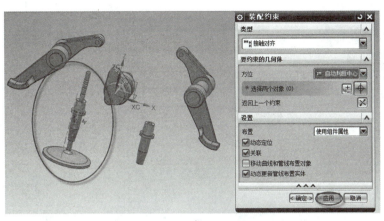

图 5-182 气门与气门导管完成装配

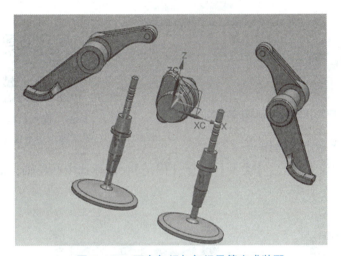

图 5-183 两套气门与气门导管完成装配

5-38 配气机构装配摇臂与
凸轮轴向对齐操作-s

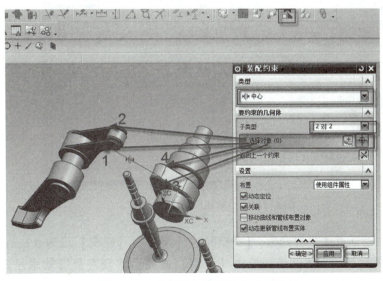

图 5-184 左摇臂与凸轮轴向对齐装配

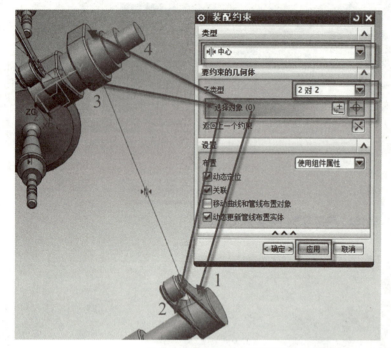

图 5-185 右摇臂与凸轮轴向对齐装配

5-39 配气机构装配
摇臂轴水平定位操作-s

5. 配气机构装配摇臂轴水平定位操作

在【装配约束】对话框中设置参数:【类型】选择【固定】,鼠标选中凸轮轴,把凸轮轴固定在现有位置,如图 5-186 所示。

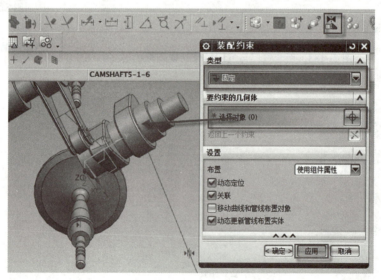

图 5-186 凸轮轴固定操作

在【装配约束】对话框中设置参数:【类型】选【距离】;【距离】设为 0 mm;对象先选择左摇臂轴线,再选择 XY 基准面。单击【应用】按钮后实现左摇臂轴水平定位,如图 5-187 所示。参照左摇臂定位方法实现右摇臂轴水平定位,如图 5-188 所示。

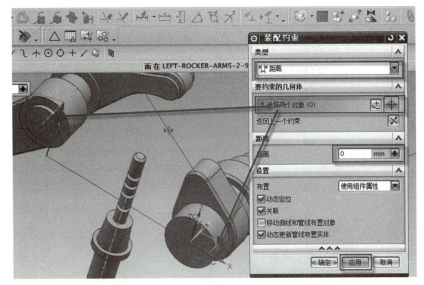

图 5-187 左摇臂轴水平定位操作

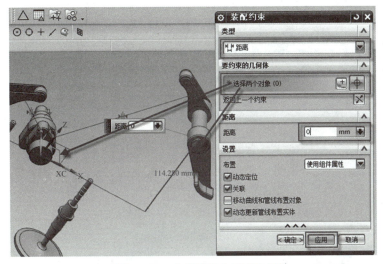

图 5-188 右摇臂轴水平定位操作

5-40 配气机构装配摇臂轴与凸轮轴距离定位-s

6. 配气机构装配摇臂轴与凸轮轴距离定位

在【装配约束】对话框中设置参数：【类型】选【距离】；【距离】为 54 mm；对象先选左摇臂轴线，再选 YZ 基准面。单击【应用】按钮后实现左摇臂轴与凸轮轴距离定位，如图 5-189 所示。参照左摇臂定位方法实现右摇臂轴余凸轮轴距离定位，如图 5-190 所示。

7. 配气机构装配摇臂滚轮与凸轮接触操作

在【装配约束】对话框中设置参数：【类型】选【接触对齐】；【方位】选【接触】，对象先选左摇臂滚轮圆弧面，再选对应的凸轮圆弧面，实现接触，如图 5-191 和图 5-192 所示。

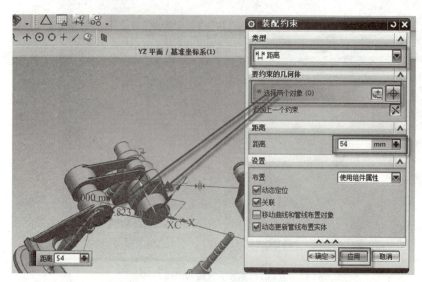

图 5-189　左摇臂轴与凸轮轴距离定位

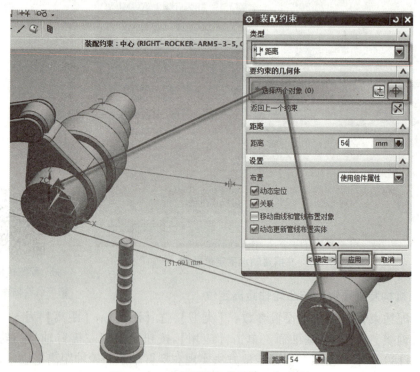

图 5-190　右摇臂轴与凸轮轴距离定位

5-41　配气机构装配摇臂
滚轮与凸轮接触操作-s

项目五
配气机构的建模

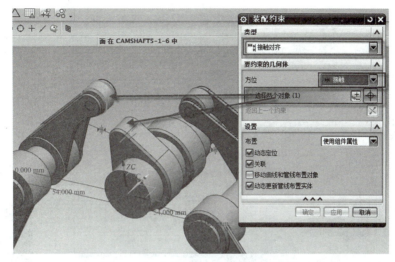

图 5-191 左摇臂滚轮与凸轮接触操作

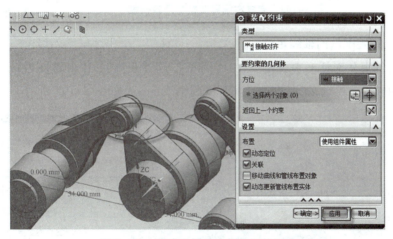

图 5-192 完成左摇臂滚轮与凸轮接触

在【装配约束】对话框中设置参数:【类型】选【接触对齐】;【方位】选【接触】;对象先选右摇臂滚轮圆弧面,再选对应的凸轮圆弧面,实现接触,如图 5-193 和图 5-194 所示。

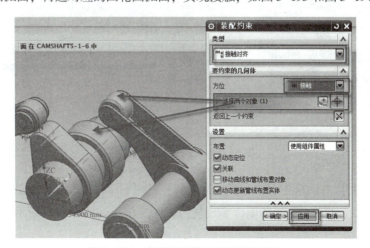

图 5-193 右摇臂滚轮与凸轮接触操作

249

图 5-194 完成右摇臂滚轮与凸轮接触

5-42 配气机构装配
气门轴线定位-s

8. 配气机构装配气门轴线定位

在【装配约束】对话框中设置参数:【类型】选【距离】;【距离】为 90 mm;对象先选左侧气门的轴线,再选 ZY 基准面,实现气门轴线定位,如图 5-195 所示。

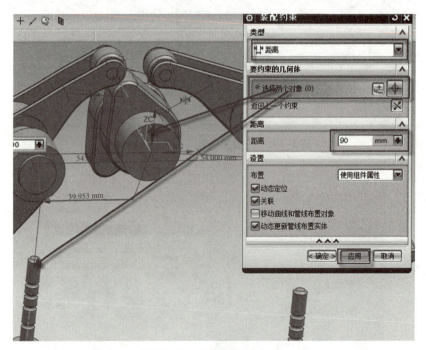

图 5-195 左气门轴线定位

在【装配约束】对话框中设置参数:【类型】选【距离】;【距离】为 90 mm;对象先选右侧气门的轴线,再选 ZY 基准面,实现气门轴线定位,如图 5-196 所示。

项目五
配气机构的建模

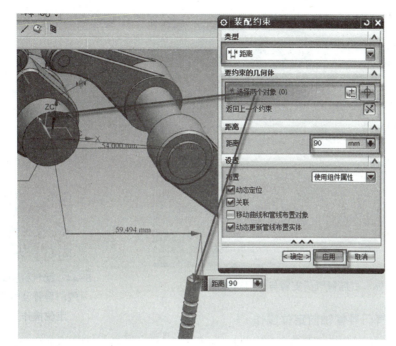

图 5-196 右气门轴线定位

5-43 配气机构装配
摇臂气门支臂与
气门对齐操作-s

9. 配气机构装配摇臂气门支臂与气门对齐操作

在【装配约束】对话框中设置参数：【类型】选【中心】；【子类型】选【1 对 2】；对象先选左侧气门轴线，再选左摇臂气门支臂下部的平行外侧面，实现左侧气门支臂与气门对齐操作，如图 5-197 所示。

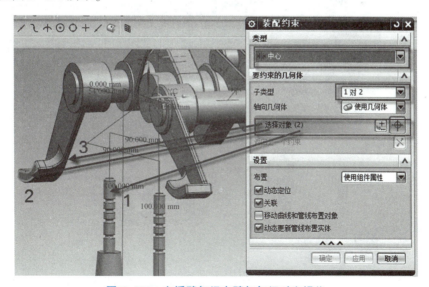

图 5-197 左摇臂气门支臂与气门对齐操作

在【装配约束】对话框中设置参数：【类型】选【中心】；【子类型】选【1 对 2】；对象先选右侧气门轴线，再选右摇臂气门支臂下部的平行外侧面，实现右侧气门支臂与气门对齐操作，如图 5-198 所示。

251

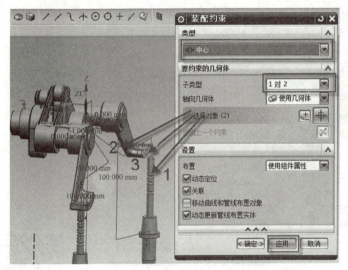

图 5-198　右摇臂气门支臂与气门对齐操作

5-44　配气机构装配气门导管及气门定位操作-s

10. 配气机构装配气门导管轴向定位操作

在【装配约束】对话框中设置参数：【类型】选【距离】；【距离】为 100 mm；对象先选左侧气门导管凸缘上平面，再选中 XY 基准面，实现左侧气门导管轴向定位，如图 5-199 所示。

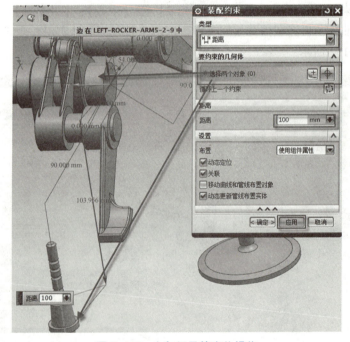

图 5-199　左气门导管定位操作

在【装配约束】对话框中设置参数：【类型】选【距离】；【距离】为 100 mm；对象先选右侧气门导管凸缘上平面，再选中 XY 基准面，实现右侧气门导管轴向定位，如图 5-200 所示。

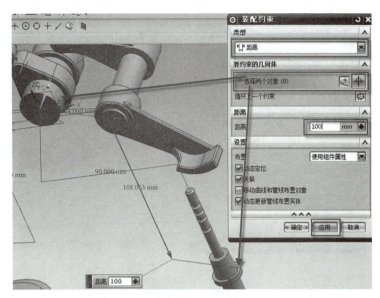

图 5-200 右气门导管定位操作

11. 配气机构摇臂气门支臂与气门接触操作

在【装配】工具条中单击【移动组件】按钮,移动左侧气门的位置到与左摇臂气门支臂下部弧面近似相切。同样方法,移动右侧气门的位置到与右摇臂气门支臂下部弧面近似相切。

在【装配约束】对话框中设置参数:【类型】选【接触对齐】;【方位】选【接触】;对象先选左侧气门杆顶圆端面,再选左摇臂气门支臂下部弧面,实现相切接触,如图 5-201 所示。

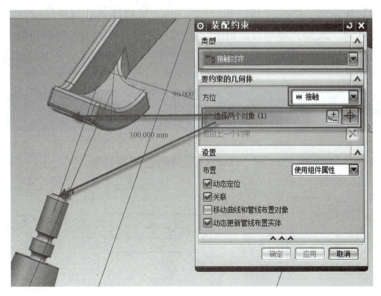

图 5-201 左摇臂气门支臂与气门接触操作

在【装配约束】对话框中设置参数:【类型】选【接触对齐】;【方位】选【接触】;对象先选右侧气门杆顶圆端面,再选右摇臂气门支臂下部弧面,实现相切接触,如图 5-202 所示。

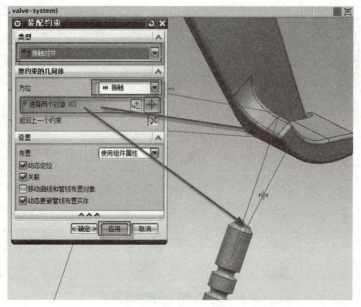

图 5-202 右摇臂气门支臂与气门接触操作

5.5 项目小结

在这个项目的完成过程中,反复用到的操作包括:新建草图、绘制草图、完成草图;拉伸;旋转;求差;镜像体、阵列(线性和圆形阵列)、修剪体等。这些命令是建立三维模型的基础,需要多加练习。此外,本项目通过配气机构的装配,讲解了装配的定位与实现方法,应用较多的是【接触】命令,需要大家不仅要掌握其各个选项的含义,还要能够正确应用。

5.6 拓展练习

利用 UG 软件完成图 5-203~图 5-208 中零件的创建和装配。

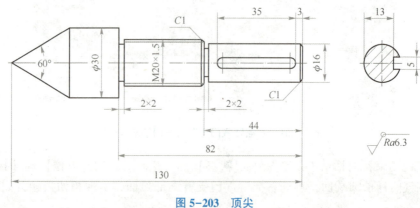

图 5-203 顶尖

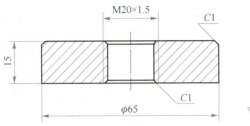

图 5-204　调节螺母

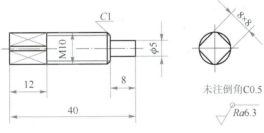

图 5-205　螺钉

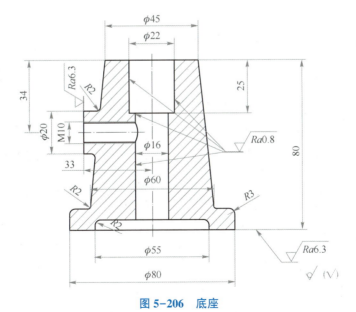

图 5-206　底座

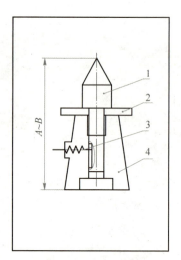

图 5-207　装配示意图 1

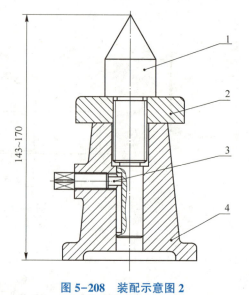

图 5-208　装配示意图 2

项目六

车身曲面的建模

6.1 项目摘要

本项目是通过已经绘制完成的曲线（图6-1）构建曲面，完成汽车车身的曲面建模工作，如图6-2所示。通过汽车车身曲面的建模工作，用户可以快速了解 UG NX 12.0 通过曲线组构建曲面、插入网格曲面、桥接曲面、剖切曲面、修剪片体和缝合曲面等命令的基本使用方法，并学会简单曲面的建模。

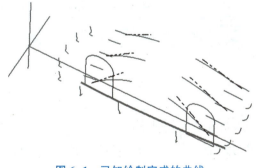 

图6-1 已知绘制完成的曲线　　　　　图6-2 车身曲面三维图

6.2 学习目标

能力目标

（1）能够通过曲线组构建曲面；

(2) 能够构建网格曲面；
(3) 能够桥接曲面；
(4) 能够剖切曲面；
(5) 能够修剪片体；
(6) 能够缝合曲面。

知识目标

(1) 掌握通过曲线组构建曲面的方法；
(2) 掌握构建网格曲面的方法；
(3) 掌握桥接曲面的方法；
(4) 掌握剖切曲面的方法；
(5) 掌握修剪片体的方法；
(6) 掌握缝合曲面的方法；
(7) 分析不同曲面创建方法的应用情况；
(8) 掌握创建曲面时截面线的选择注意事项。

素质目标

(1) 培养学生善于观察、思考的习惯；
(2) 培养学生动手操作的能力；
(3) 培养学生严谨、认真的绘图意识和态度；
(4) 培养学生团队协作、共同解决问题的能力。

6.3 工作任务分析

6.3.1 零件背景

汽车车身是汽车的重要组成部分，不仅能够为人员和货物提供支撑空间，同时其外部形状的光滑程度可以影响到汽车行驶时受到的空气阻力大小。汽车车身外形的发展经历了很多阶段，目前应用较多的为流线型车身。

6.3.2 结构分析

观察已有的曲线（图6-1），汽车前围板、车顶、侧围板、行李舱盖和后围板等的轮廓曲线都已经绘制完成，可以分别通过曲线组构建对应的曲面。分析汽车车身曲面的三维模型（图6-2）可以看出，整个模型沿着汽车前进方向左右对称，建模时可以先构建一半的车身曲面，然后利用【镜像】操作完成另一半车身曲面的建模工作。

项目六
车身曲面的建模

6.4 工作任务实施

单击菜单栏上的【打开】文件按钮，弹出【打开】文件对话框，如图 6-3 所示，单击已有的 car.prt 模型文件，单击【OK】按钮，完成文件的打开操作。依次单击菜单栏的【文件】→【另存为】按钮，打开【另存为】对话框，如图 6-4 所示，输入文件名为 car_body.prt，将文件另存为新的文件名，单击【OK】按钮完成文件保存操作。

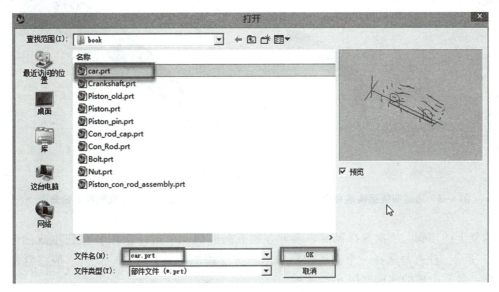

图 6-3 打开原始文件

图 6-4 重新保存文件

6-2 通过曲线组构建曲面

单击【曲面】工具条中的【通过曲线组】按钮，或者依次单击菜单栏的【插入】→【网格曲面】→【通过曲线组】按钮，弹出【通过曲线组】对话框，如图 6-5 所示，在

259

【选择曲线（1）】中单击选中如图 6-5 所示的第 1 条曲线。单击【添加新集】按钮 后，单击选中如图 6-5 所示的第 2 条曲线；单击【添加新集】按钮 后，单击选中如图 6-5 所示的第 3 条曲线；单击【添加新集】按钮 后，单击选中如图 6-5 所示的第 4 条曲线；单击【添加新集】按钮 后，单击选中如图 6-5 所示的第 5 条曲线。单击【应用】按钮，完成前围板曲面的创建，如图 6-6 所示。注意，每条曲线在单击选中时，方向必须和前一条曲线的方向一致，否则会生成扭曲的曲面。

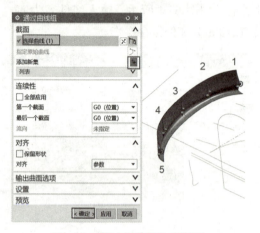

图 6-5 通过曲线组构建曲面

图 6-6 生成的前围板曲面

重复上述步骤，依次选择风窗玻璃下方的五条曲线，单击【应用】按钮生成曲面，如图 6-7 所示，注意每选择一个曲线就要单击一次【添加新集】按钮。此外，应注意每条线的方向一致，生成的曲面如图 6-8 所示。

图 6-7 通过曲线组构建曲面

图 6-8 生成的曲面

重复上述步骤，依次选择车顶前半部分的三条曲线，如图 6-9 所示，注意每选择一个曲线就要单击一次【添加新集】按钮，单击【应用】按钮生成曲面。此外，应注意每条线的方向一致。

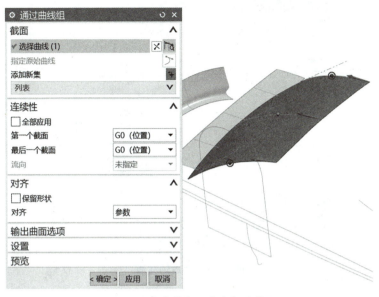

图 6-9　生成的车顶前半部分曲面

重复上述步骤，依次选择车顶后半部分的三条曲线，单击【应用】按钮生成曲面，如图 6-10 所示，注意每选择一个曲线就要单击一次【添加新集】按钮。此外，应注意每条线的方向一致。

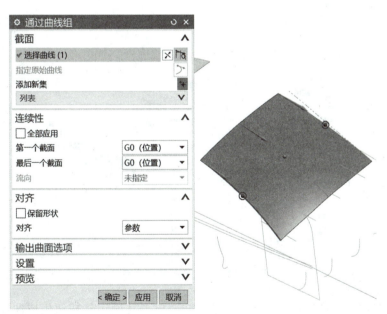

图 6-10　生成的车顶后半部分曲面

重复上述步骤，依次选择车顶后半部分下方的五条曲线，单击【应用】按钮生成曲面，如图 6-11 所示，注意每选择一个曲线就要单击一次【添加新集】按钮。此外，应注意每条线的方向一致。

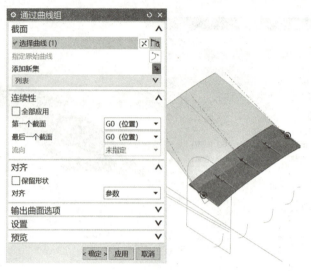

图 6-11　生成的曲面

重复上述步骤，依次选择后围板的五条曲线，单击【应用】按钮生成曲面，如图 6-12 所示，注意每选择一个曲线就要单击一次【添加新集】按钮。此外，应注意每条线的方向一致。

图 6-12　生成的后围板曲面

重复上述步骤，依次选择侧围板的三条曲线，单击【确定】按钮生成曲面，如图 6-13 所示。

在菜单栏中依次选择【插入】→【细节特征】→【桥接】命令，弹出【桥接曲面】对话框，如图 6-14 所示，【选择边 1】为如图 6-14 所示车顶前半部分的后边线，【选择边 2】为如图 6-14 所示车顶后半部分的前边线，单击【应用】按钮，完成车顶中间部分曲面的建模。需要注意，在选择边后一定要注意方向的选择，不然就会出现扭曲状态。若出现扭曲状态，则可以双击改变某条边的方向以生成光滑的曲面。

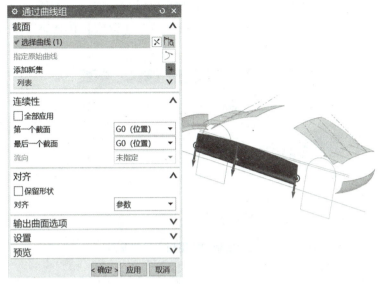

6-3 桥接曲面

图 6-13 生成的侧围板曲面

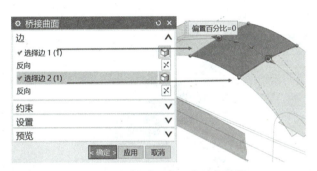

图 6-14 桥接建立车顶中间部分曲面

在【桥接曲面】对话框中，如图 6-15 所示，【选择边 1】为如图 6-8 所建立的曲面的后边线，【选择边 2】为如图 6-11 所建立的曲面的前边线，单击【应用】按钮完成车厢内部曲面的建模。

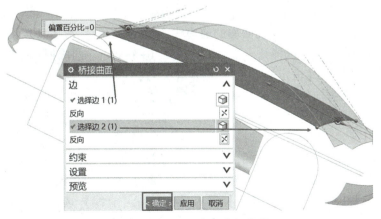

图 6-15 桥接建立车厢内部的曲面

263

在【桥接曲面】对话框中，如图 6-16 所示，【选择边 1】为如图 6-16 所示前围板的左边线，【选择边 2】为如图 6-16 所示侧围板的前边线，单击【应用】按钮，完成前围板和侧围板过渡部分曲面的建模。

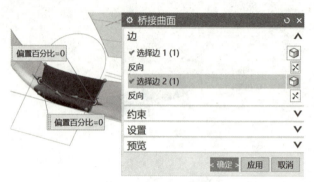

图 6-16 桥接建立前围板和侧围板之间的曲面

在【桥接曲面】对话框中，如图 6-17 所示，【选择边 1】为如图 6-17 所示侧围板的后边线，【选择边 2】为如图 6-17 所示后围板的左边线，单击【确定】按钮，完成前围板和侧围板过渡部分曲面的建模。

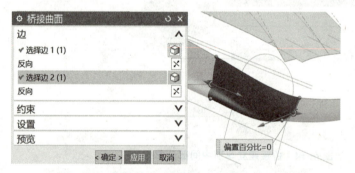

图 6-17 桥接建立后围板和侧围板之间的曲面

6-4 剖切曲面

在【曲面】工具条中单击【剖切曲面】按钮，或者在菜单栏中依次选择【插入】→【扫掠】→【截面】命令，弹出【截面曲面】对话框，按图 6-18 所示进行设置：【类型】选择【二次】；【模式】选择【Rho】；【选择起始引导线（1）】为前围板的上边线，【选择终止引导线（1）】为图 6-8 所建立的曲面的前边线；【斜率控制】选择【按面】，【选择起始面（1）】为前围板曲面，【选择终止面（1）】为图 6-8 所建立的曲面；【剖切方法】选择【Rho】，【规律类型】为【恒定】，【值】输入【0.5】；【脊线】选择【按曲线】，【选择脊线】为图中所示左右方向的水平线。单击【确定】按钮建立发动机盖曲面。

重复上述步骤，打开【截面曲面】对话框，按图 6-19 所示进行设置：【类型】选择【二次】；【模式】选择【Rho】；【选择起始引导线（1）】为图 6-11 所建立的曲面的后边线，【选择终止引导线（2）】为后围板的前边线；【斜率控制】选择【按面】，【选择起始面（1）】为图 6-11 所建立的曲面，【选择终止面（1）】为后围板面；【剖切方法】选择【Rho】，【规律类型】为【恒定】，【值】输入【0.85】；【脊线】选择【按曲线】，【选择脊线（1）】为图中所示左右方向的水平线。单击【确定】按钮建立曲面。

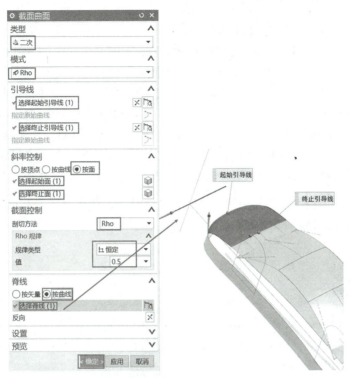

图 6-18 通过【剖切曲面】命令建立发动机盖曲面

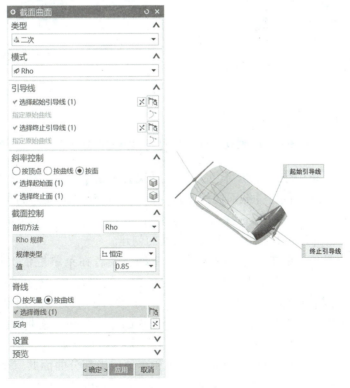

图 6-19 通过【剖切曲面】命令建立曲面（一）

重复上述步骤，打开【截面曲面】对话框，按图 6-20 所示进行设置：【类型】选择【二次】；【模式】选择【Rho】；【选择起始引导线（4）】为发动机盖左边线、图 6-8 所建立的曲面的左边线、图 6-15 建立的车厢内部的桥接曲面的左边线、图 6-11 所建立的曲面的左边线共四条曲线，【选择终止引导线（3）】为图 6-16 所建曲面的上边线、侧围板的上边线和图 6-17 所建曲面的上边线共三条曲线；【斜率控制】选择【按面】，【选择起始面（4）】为发动机盖曲面、图 6-8 所建立的曲面、图 6-15 建立的车厢内部的桥接曲面、图 6-11 所建立的曲面共四个面，也就是四条起始引导线分别对应的曲面，【选择终止面（3）】为图 6-16 所建曲面、侧围板和图 6-17 所建曲面共三个面，也就是三条终止引导线分别对应的曲面；【剖切方法】选择【Rho】，【规律类型】为【恒定】，【值】输入 0.85；【脊线】选择【按曲线】，【选择脊线（1）】为图中所示的前后方向的水平线。单击【确定】按钮建立曲面。

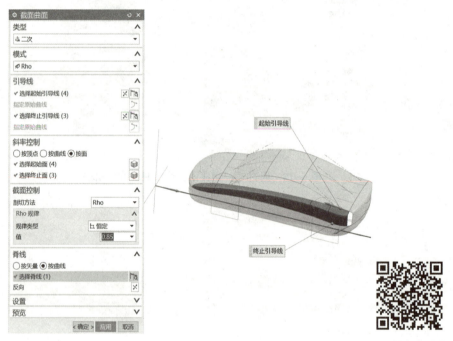

图 6-20 通过【剖切曲面】命令建立曲面（二）

6-5 创建直纹曲面

在【曲面】工具条中依次单击【更多】→【网格曲面】→【直纹】按钮，弹出【直纹】对话框，如图 6-21 所示，【截面曲线或点（1）】选择与 XC 轴平行的两条构造直线的上面的一条，【截面线串（2）】选择与 XC 轴平行的两条构造直线的下面的一条，其余参数选择默认值，单击【确定】按钮完成直纹曲面的创建。

在【曲面】工具条中单击【剖切曲面】按钮，或者在菜单栏依次选择【插入】→【扫掠】→【截面】命令，打开【截面曲面】对话框，按图 6-22 所示进行设置：【类型】选择【二次】；【模式】选择【Rho】；【选择起始引导线（3）】为车顶前半部分曲面的左边线、车顶中间桥接曲面的左边线和车顶后半部分曲面的左边线共三条曲线，【选择终止引导线（1）】为图 6-21 所建直纹曲面的上边线；【斜率控制】选择【按面】，【选择起始面（3）】为车顶前半部分曲面、车顶中间桥接曲面和车顶后半部分曲面共三个平面，【选择终止面（1）】为图 6-21 所建直纹曲面；【剖切方法】选择【Rho】，【规律类型】为【恒定】，【值】输入【0.45】；【脊线】选择【按曲线】，【选择脊线（1）】为图中所示前后方向的水平线。单击【确定】按钮建立曲面。

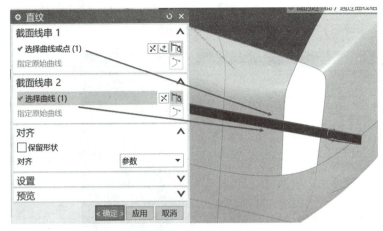

图 6-21 插入直纹曲面

6-6 创建车门处剖切曲面

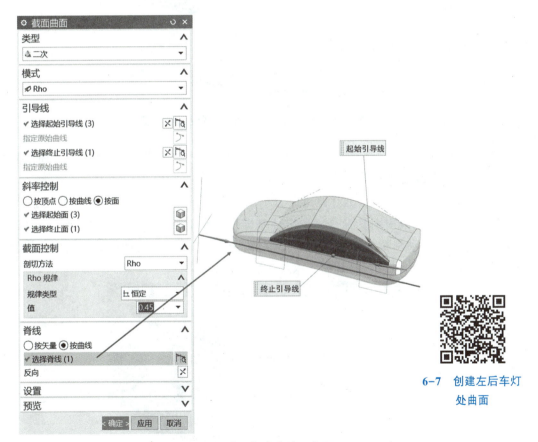

图 6-22 通过【剖切曲面】命令建立曲面

6-7 创建左后车灯处曲面

单击【曲面】工具条中的【通过曲线组】按钮,或者在菜单栏依次选择【插入】→【网格曲面】→【通过曲线组】命令,弹出【通过曲线组】对话框,按图 6-23 所示进行设置:在【选择曲线(1)】处首先选择图 6-20 所建曲面的后边线,然后单击【添加新集】按钮；再选择图6-19所建立的曲面的左边线，【第一个截面】选择【G1（相切）】，【选择面（1）】为图6-20所建曲面，【最后一个截面】选择【G1（相切）】，【选择面（1）】为图6-19所建曲面。单击【确定】按钮建立左后车灯位置的曲面。

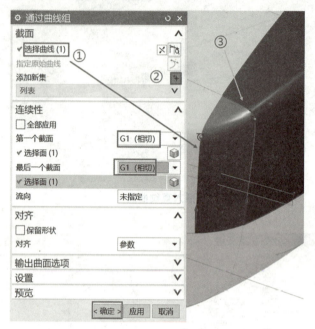

图6-23 利用【通过曲线组】命令建立曲面

注意：生成的曲面只和左、右两边的曲面相切连续，和下面的曲面不连续，所以需要额外的操作，以达到该曲面和下面相连的曲面相切连续。

在【特征】工具条中单击【基准平面】按钮，或者在菜单栏依次选择【插入】→【基准/点】→【基准平面】命令，弹出【基准平面】对话框，按图6-24所示进行设置：【类型】选择【自动判断】；【选择对象（1）】为图6-20所建立的曲面的后边线；其余选项采用默认设置。单击【确定】按钮完成基准平面的创建。

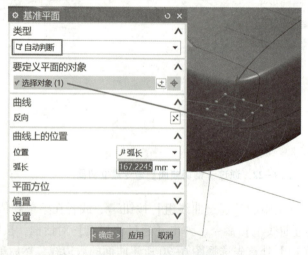

图6-24 插入基准平面

在【特征】工具条中单击【修剪片体】按钮, 或者在菜单栏依次选择【插入】→【修剪】→【修剪片体】命令, 弹出【修剪片体】对话框, 按图 6-25 所示进行设置:【选择片体】为图 6-23 建立的左后车灯曲面,【选择对象】为图 6-24 插入的基准平面。单击【确定】按钮完成曲面的裁剪, 最终效果如图 6-26 所示。

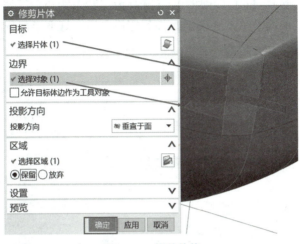

图 6-25　修剪片体

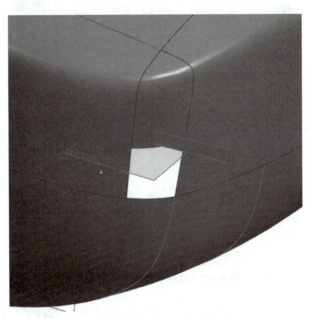

图 6-26　修剪完后的左后车灯位置曲面

单击【曲面】工具条的【通过曲线网格】按钮, 或者在菜单栏依次选择【插入】→【网格曲面】→【通过曲线网格】命令, 弹出【通过曲线网格】对话框, 按图 6-27 所示进行设置:【主曲线】中【选择曲线或点(0)】为图 6-20 所建曲面的后边线也就是空白区域的左边线; 单击【添加新集】按钮![], 再选择图 6-19 所建立的曲面的左边线也就是空白区域的右边线,【交叉曲线】中【选择曲线(0)】为空白区域的上边线; 单击【添加新集】按钮![], 再选择空白区域的下边线。需要注意, 主曲线的方向必须一致, 交叉曲线的方向也必须一致。在【连续性】中,【第一主线串】选择【G1（相切）】,【选择面（1）】为图 6-20 所建曲面,也就是空白区域的左侧曲面;【最后主线串】选择【G1（相切）】,【选择面（1）】为空白区域右侧的相邻曲面,也就是图 6-19 所建立的曲面;【第一交叉线串】选择【G1（相切）】,【选择面（1）】为左后车灯的上半部分曲面,也就是空白区域的上侧相邻曲面;【最后交叉线串】选择【G1（相切）】,【选择面（1）】为空白区域下侧的相邻曲面,也就是图 6-17 所建立的曲面。单击【确定】按钮完成左后车灯下半部分曲面的建立。

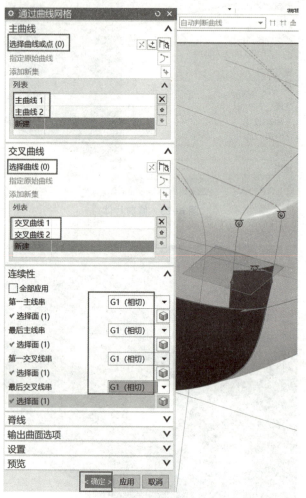

图 6-27 通过曲线网格构建曲面

6-8 曲面的
修剪及缝合

至此,曲面的基本建模工作完成,在生成基本曲面后要对曲面进行修剪,以达到曲面与曲面之间共边线。

首先,插入一个基准平面。在【特征】工具条中单击【基准平面】按钮▢,或者在菜单栏依次选择【插入】→【基准/点】→【基准平面】命令,弹出【基准平面】对话框,如图 6-28 所示进行设置,【类型】选择【XC-ZC 平面】,其余选项采用默认设置,单击【确定】按钮完成基准平面的创建。

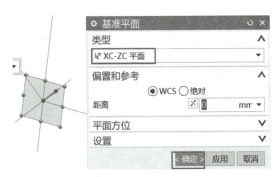

图 6-28 插入基准平面

在【特征】工具条中单击【修剪体】按钮，或者在菜单栏依次选择【插入】→【修剪】→【修剪体】命令，弹出【修剪体】对话框，如图 6-29 进行设置：【目标】选项里的【选择体（10）】为前面建立的所有被 XZ 平面能够穿过的共 10 个平面；【工具】中【工具选项】为默认的【面或平面】，【选择面或平面（1）】为前一步建立的 XZ 基准平面。单击【确定】按钮完成修剪体操作，注意方向的选择，保留左侧部分。

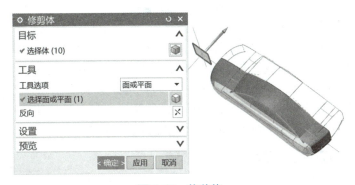

图 6-29 修剪体

在【特征】工具条中单击【缝合】按钮，或者在菜单栏依次选择【插入】→【组合】→【缝合】，弹出【缝合】对话框，如图 6-30 进行设置：【类型】选择【片体】；【目标】中【选择片体(1)】选择图 6-9 建立的车顶前半部分曲面；【工具】中【选择片体(3)】选择图 6-10 生成的车顶后半部分曲面、图 6-14 桥接建立车顶中间部分曲面和图 6-22 通过【剖切曲面】命令建立的曲面共三个曲面。单击【应用】按钮缝合车顶曲面。

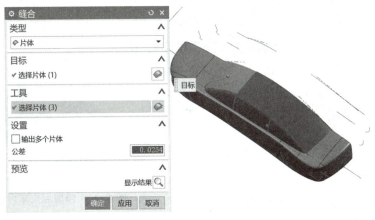

图 6-30 缝合车顶曲面

在【缝合】对话框中如图 6-31 所示进行设置:【类型】选择【片体】;【目标】中【选择片体 (1)】选择图 6-8 所示生成的曲面;【工具】中【选择片体 (2)】选择除了车顶曲面和直纹曲面之外的共 12 个面。单击【确定】按钮缝合曲面。

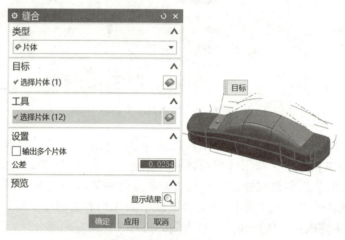

图 6-31 缝合曲面

在【特征】工具条中单击【修剪和延伸】按钮，或者在菜单栏依次选择【插入】→【修剪】→【修剪和延伸】命令，弹出【修剪和延伸】对话框，按图 6-32 所示进行设置：【目标】选择图 6-30 所示缝合的车顶曲面;【工具】选择图 6-31 所示缝合的其余部分的曲面。单击【确定】按钮完成曲面修剪，然后交换目标片体和工具片体，再修剪一次。修剪前车内曲面如图 6-33 所示，修剪完后的车内曲面如图 6-34 所示。

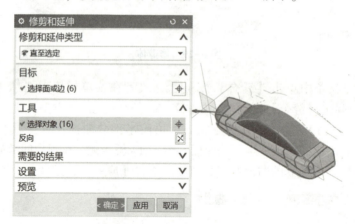

图 6-32 【修剪和延伸】对话框

图 6-33 修剪前汽车内部曲面图

图 6-34 修剪后汽车内部曲面

在【特征】工具条中单击【修剪片体】按钮，或者在菜单栏依次选择【插入】→【修剪】→【修剪片体】命令，弹出【修剪片体】对话框，如图6-35进行设置：【目标】中【选择片体（2）】为整个的车身曲面；【边界】中【选择对象（8）】为图中所示两个拱形的构造线圈；【投影方向】为【沿矢量】，【指定矢量】选择-YC，勾选【投影两侧】前面的"□"；【选择区域（2）】中点选【保留】。单击【确定】按钮完成片体的修剪。修剪完后的曲面如图6-36所示，修剪出了安装车轮的位置。

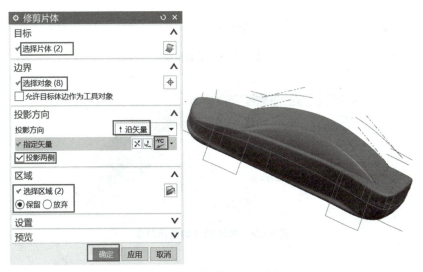

图6-35 修剪片体

图6-36 修剪片体之后的车身曲面形状

6-9 创建对称曲面

在菜单栏中依次选择【插入】→【关联复制】→【镜像特征】命令，弹出【镜像特征】对话框，如图6-37所示进行设置：【要镜像的特征】选择之前建立的曲面特征；【镜像平面】选择XZ平面。单击【确定】按钮完成镜像操作。

这一步镜像操作也可以用变换命令来实现，具体方法是，在菜单栏依次选择【编辑】→【变换】命令，弹出【变换】对话框，按图6-38所示进行设置：首先【选择对象】为前面建立的左半部分汽车曲面，单击【确定】按钮。

在弹出来的对话框中选择【通过—平面镜像】选项，单击【确定】按钮，如图6-39所示。

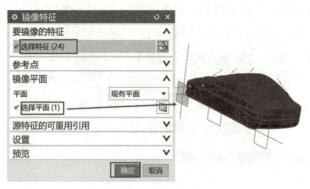

图 6-37　镜像特征

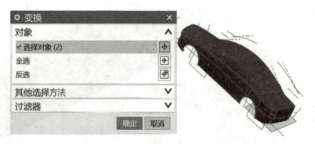

图 6-38　变换操作的选择对象

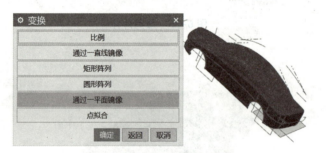

图 6-39　变换方式选择

在弹出来的对话框中,【类型】选择【XC-ZC 平面】,其余选项选择默认值,单击【确定】按钮,如图 6-40 所示。

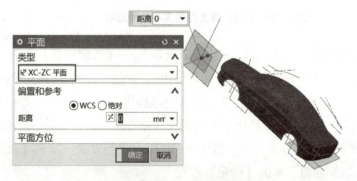

图 6-40　变换——选择镜像平面

在弹出来的对话框中,选择【复制】选项,单击【取消】按钮,如图6-41所示,完成变换操作。

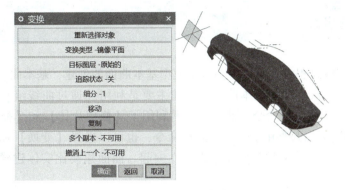

图 6-41 变换操作选择复制

通过镜像或者变换操作之后,建立的汽车曲面如图6-42所示。

接下来,需要将左边的汽车曲面和右边的汽车曲面进行缝合。在【特征】工具条中单击【缝合】按钮,或者在菜单栏依次选择【插入】→【组合】→【缝合】命令,弹出【缝合】对话框,按图6-43所示进行设置:【类型】选择【片体】;【目标】中【选择片体(1)】选择左边汽车曲面;【工具】中【选择片体(1)】选择右边汽车曲面。单击【确定】按钮缝合汽车曲面,完成汽车曲面的建模工作。隐藏基准平面、构造线和直纹面,得到的模型如图6-44所示。

图 6-42 汽车曲面

图 6-43 缝合左边汽车曲面和右边汽车曲面

6-10 车身曲面的三维展示

(a)　　　　　　　　(b)

图 6-44 建立的汽车曲面
(a)顶面;(b)底面

6.5 项目小结

这个项目的完成过程大致可以分为汽车模型基本曲面的创建、基本曲面的连接和模型曲面的修剪三个部分。汽车车身基本曲面的创建主要是利用【通过曲线组】命令，曲面的连接主要是利用【剖切曲面】命令，曲面的修剪利用了【修剪片体】和【修剪及延伸】等命令；右边曲面的建立可以利用【镜像特征】命令，也可以选择【变换】命令来实现；左边曲面和右边曲面需要利用【缝合】命令组合在一起。曲面建模比实体建模更复杂，需要大量练习才可以掌握。

6.6 拓展练习

利用 UG 软件完成图 6-45 中零件的创建。

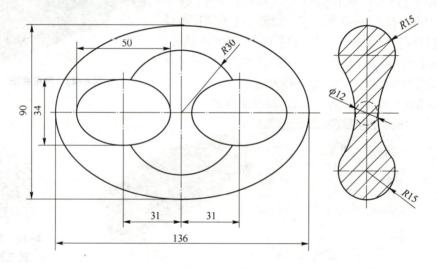

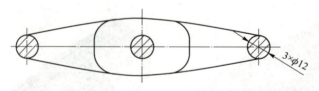

图 6-45　模型图纸

参 考 文 献

［1］李欣. 基于 UG 平台下计算机辅助技术在机械设计制造中的应用［J］. 化工管理, 2020 (19).
［2］高卫民, 王宏雁. UG 软件在白车身 CAD 建模中的应用［J］. 汽车工程学报, 2001 (1): 13-17.
［3］翟伟良. 基于 UG 汽车车身建模［J］. 硅谷, 2014, 024 (022): 72-73.
［4］石磊. 基于 Geomagic, UG NX 在汽车模型数字化设计与制造中的应用研究［J］. 内燃机与配件, 2020, 303 (03): 19-21.
［5］郑其如. UG 在轮胎活络模具设计上的应用［J］. 科学与财富, 2019, 036 (033): 97.
［6］姚慧, 程文冬, 张新运. UG 环境下内燃机配气机构动力学模型的建立与仿真［J］. 西安工程大学学报, 2010, 24 (006): 776-779.
［7］程文冬, 曹岩. UG 环境下内燃机配气机构的运动仿真［J］. 西安工业大学学报, 2009, 29 (2): 125-125.
［8］王美艳, 包忠诩, 钟倩. 用 UG Ⅱ 三维造型 CAD 软件对全顺汽车高顶篷的设计［J］. 南昌大学学报 (工科版) (1): 83-85.
［9］张广胜. 基于 UG 的汽车车体造型设计［J］. 科技传播, 2012, 024 (021): 146-146.
［10］鲍卫宁. 基于 UG 的汽车车身造型设计［J］. 数码设计, 9 (19): 1.
［11］郑威, 夏巨谌, 金俊松, 等. 基于 UG 的汽车差速器圆锥齿轮参数化造型系统的开发［J］. 机械传动, 2007 (04): 6+36-38.
［12］姜永武. UG 典型案例造型设计 (附光盘)［M］. 北京: 电子工业出版社, 2009.
［13］邓亚东, 江志双. 基于 UG 的大客车车身 CAD 设计研究［J］. 机械设计与制造, 2005 (4): 53-54.
［14］米俊杰. UG NX 10.0 技术大全［M］. 北京: 电子工业出版社, 2016.
［15］北京兆迪科技有限公司. UG NX 8.5 宝典［M］. 北京: 中国水利水电出版社, 2013.
［16］来振东. UG NX 8.0 工程应用技术大全［M］. 北京: 电子工业出版社, 2015.

［17］佛新岗. 基于UG NX 12.0的诱导轮四轴联动加工研究［J］. 现代制造工程，2020，483（12）：117-121.

［18］康淑贤，郝艳华，黄致建. 汽车轮毂造型设计与结构分析［J］. 机械设计，2013，30（12）：32-36.

［19］邰鑫，熊毅，王娜. 基于UG建模和仿真的拖拉机箱体零件数控加工研究［J］. 农机化研究，2021，43（3）：5.

［20］史永芳，朱茂华. 基于UG的汽车传动轴的三维建模及仿真［J］. 现代制造技术与装备，2014（6）：65-67.